U0846301

学习贯彻习近平新时代中国特色社会主义经济思想

做好“十四五”规划编制和发展改革工作

| 系列丛书 |

推进以人为核心的新型城镇化

丛书编写组　编著

中国市场出版社 China Market Press

中国计划出版社

·北京·

图书在版编目（CIP）数据

推进以人为核心的新型城镇化 / 学习贯彻习近平新时代中国特色社会主义经济思想 做好“十四五”规划编制和发展改革工作系列丛书编写组编著. —北京：中国市场出版社有限公司：中国计划出版社, 2020.8

（学习贯彻习近平新时代中国特色社会主义经济思想 做好“十四五”规划编制和发展改革工作系列丛书）

ISBN 978-7-5092-1989-8

Ⅰ. ①推… Ⅱ. ①学… Ⅲ. ①习近平新时代中国特色社会主义思想－学习参考资料②城市化－中国－学习参考资料 Ⅳ. ①D610②F299.21

中国版本图书馆CIP数据核字(2020)第159823号

推进以人为核心的新型城镇化

TUIJIN YI REN WEI HEXIN DE XINXING CHENGZHENHUA

编　　著： 丛书编写组
责任编辑： 许　寒
装帧设计： 蒋宏工作室

出版发行： 中国市场出版社　中国计划出版社
社　　址： 北京市西城区月坛北小街2号院3号楼（100837）
电　　话：（010）68034118 / 68032104 / 68020340
网　　址： http://www.scpress.cn

印　　刷： 河北鑫兆源印刷有限公司
规　　格： 170mm × 240mm　　1/16开本
印　　张： 15.25　　**字　　数：** 150千字
版　　次： 2020年8月第1版　　**印　　次：** 2020年8月第1次印刷
书　　号： ISBN 978-7-5092-1989-8
定　　价： 34.00元

版权所有　侵权必究　　　　印装差错　负责调换

前　言

城镇化是伴随工业化发展、非农产业在城镇集聚、农村人口向城镇集中的自然历史过程，是国家现代化的重要标志。习近平总书记关于新型城镇化的重要论述是习近平新时代中国特色社会主义经济思想的重要内容，确立了以促进人的城镇化为核心、以提高质量为导向的新型城镇化战略，系统提出了以人为本、优化布局、生态文明、文化传承的新型城镇化理念，开启了我国城镇化转型发展的新征程，为在新起点上推进新型城镇化指明了前进方向、提供了根本遵循，是经济社会发展普遍规律与中国工业化城镇化实践相结合的生动范例。在习近平新时代中国特色社会主义经济思想的科学指引下，我国城镇化水平和质量稳步提升，多项重大制度改革取得积极突破，城镇化发展方式总体出现深层次变革，涉及十几亿人的城镇化进入高质量发展的新阶段。

潮平两岸阔，扬帆再启航。面对“十四五”时期新形势新要求，要以习近平新时代中国特色社会主义思想为指导，深入贯彻落实习近平总书记关于新型城镇化的重要论述，坚持以人民为中心的发展思想，坚持新发展理念，坚持推动高质量发展，以供给侧结构性改革为主线，以振兴实体经济和扩大内需、培育形成强大国内市场为重要抓手，紧紧围绕人的城镇化这个核心、提高质量这个关键，促进中国特色新型城镇化持续健康发展，为决胜全面建成小康社会、乘势而上开启全面建设社会主义现代化国家新征程提供坚实有力保障。

本书系统阐释了习近平总书记关于新型城镇化重要论述对于推进新型城镇化工作的重大意义、丰富内涵和实践要求，全面梳理了党的十八大以来新型城镇化建设取得的重大成就、面临的新形势新挑战新问题，提出了以习近平新时代中国特色社会主义思想为指导，下一阶段推动新型城镇化的初步考虑。希望本书的出版，能够帮助广大干部群众更加全面深入地学习、领会、践行习近平总书记关于新型城镇化的重要论述，有力有序有效推进新型城镇化各项工作，为决胜全面建成小康社会、奋力实现社会主义现代化建设目标作出应有的努力和贡献。

习近平总书记关于新型城镇化的重要论述立意高远、博大精深，我们学思践悟还需不断深化，受水平所限，书中阐述难免有疏漏之处，敬请广大读者提出宝贵意见。

本书编写组

2020 年 8 月

目　录

第四章 推进新型城镇化面临新形势新挑战新问题

第五章 以习近平新时代中国特色社会主义经济思想指导做好新型城镇化工作

第一章

充分认识
习近平总书记关于新型城镇化重要论述的
重大理论和实践意义

党的十八大提出，坚持走中国特色新型工业化、信息化、城镇化、农业现代化道路。2013 年 12 月，改革开放后首次中央城镇化工作会议在京召开，习近平总书记发表重要讲话，鲜明指出城镇化是现代化的必由之路，科学判断我国城镇化所处阶段，全面擘画新型城镇化愿景蓝图。习近平总书记的重要讲话，首次系统提出了新型城镇化理念，开启了我国城镇化转型发展的新征程，为在新起点上推进新型城镇化指明了前进方向。2015 年，第四次中央城市工作会议召开，习近平总书记发表重要讲话，明确了做好城市工作的指导思想、总体要求和重点任务。党的十九大报告指出，以城市群为主体构建大中小城市和小城镇协调发展的城镇格局，加快农业转移人口市民化，对新时代城镇化发展作出重要部署。习近平总书记在历年中央经济工作会议以及视察地方期间，多次对城镇化以及城乡融合发展问题作出重要讲话。习近平总书记关于新型城镇化的一系列重要论述，确立了以促进人的城镇化为核心、以提高质量为导向的新型城镇化战略，立意高远、思想深邃，内涵丰富、博大精深，全面回答了新型城镇化是什么、新型城镇化为了谁、新型城镇化怎么干等重大命题，是经济社会发展普遍规律与中国工业化城镇化实践相结合的生动范例，对全面建成小康社会、奋力实现社会主义现代化建设目标具有重大理论意义、重要现实意义和深远历史意义。

第一节

全面揭示新型城镇化的客观规律

习近平总书记指出，必须从我国社会主义初级阶段基本国情出发，遵循规律，因势利导，使新型城镇化成为一个顺势而为、水到渠成的发展过程[1]。党的十八大以来，以习近平同志为核心的党中央不断深化对世界和中国城镇化规律的认识，作出系列重要论述，为推进中国特色新型城镇化提供了科学视野和逻辑框架。

一、城镇化是现代化的必由之路

党的十八大提出，坚持走中国特色新型工业化、信息化、城

[1] 《在中央城镇化工作会议上的讲话》（2013 年 12 月 12 日），《习近平关于社会主义经济建设论述摘编》，中央文献出版社 2017 年版，第 160 页。

镇化、农业现代化道路。习近平总书记指出，城镇化是现代化的必由之路[1]159。工业革命以来的经济社会发展史表明，一国要成功实现现代化，在工业化发展的同时，必须注重城镇化发展。当今中国，城镇化与工业化、信息化和农业现代化同步发展，是现代化建设的核心内容，彼此相辅相成。工业化处于主导地位，是发展的动力；农业现代化是重要基础，是发展的根基；信息化具有后发优势，为发展注入新的活力；城镇化是载体和平台，承载工业化和信息化发展空间，带动农业现代化加快发展，发挥着不可替代的融合作用。

二、城镇化是自然的历史过程

习近平总书记指出，城镇化是一个自然历史过程，是我国发展必然要遇到的经济社会发展过程[1]160。从经济社会发展规律趋势看，城镇化是伴随工业化发展，非农产业在城镇集聚、农村人口向城镇集中的自然历史过程，是人类社会发展的客观趋势。在农业文明时代，城镇主要作为行政管理中心、军事要塞、市场交易中心等而存在，只有很小一部分人口能够生活在城镇。工业革命之后，机器大工业的发展对劳动力产生巨大需求，不断吸引农村劳动力向城镇转移，带动城镇规模迅速扩大。此后，城镇化与工业化相伴相随，成为推

[1]《在中央城镇化工作会议上的讲话》（2013 年 12 月 12 日），《习近平关于社会主义经济建设论述摘编》，中央文献出版社 2017 年版。

动经济发展和社会进步的基本动力。随着城镇化的不断推进，大量农业劳动力向制造业和服务业部门转移，社会劳动生产率大幅提高，社会物质财富快速积累，同时也显著提高了农村的人均产出水平，为农业农村发展开辟了空间。既然城镇化是自然历史过程和经济社会发展过程，新型城镇化的各项目标就不可能一蹴而就，新型城镇化实践就不能操之过急、盲目蛮干，只能稳扎稳打、坚持不懈推进。

三、城镇化与经济社会发展水平相辅相成、相互促进

在城镇化进程中，城市功能不断完善提升，吸引高端产业落地、各类人群定居，促进经济增长和社会进步。同时，经济发展和劳动生产率的提高，将增加居民收入、扩大消费和投资，反过来促进城市发展。推进城镇化必须充分考量经济社会发展水平，并与经济社会发展形成良性互动。一方面，不能超越发展水平和发展阶段追求高城镇化率，更不能由政府大规模举债搞“造城运动”。另一方面，如果城镇化滞后于经济社会发展水平，将阻碍农村剩余劳动力进入城镇就业和定居，抑制内需的增长和升级，抑制产业结构的调整和升级，不利于经济社会的加快发展。随着经济社会不断发展，应持续消除阻碍城镇化的体制机制弊端，不断提升城镇化水平，实现城镇化与经济社会发展相互促进。

四、城镇化受资源环境承载能力制约

我国幅员辽阔、人口众多，各地自然条件和环境承载能力千差万别，区域资源禀赋异质性强，国土空间开发利用面临适宜开发面积较少、保障粮食安全压力较大、资源相对短缺、生态环境比较脆弱等挑战。城镇化受自然条件和资源环境承载能力制约，如果城市过度集中产业、过分拓展功能，就会占用过多农田和生态用地。如果生态空间和建设空间比例失调，环境容量就不可避免变少，污染就必然加重。当城镇化步入中后期，许多城市资源环境承载能力开始减弱，水土资源和能源不足、环境污染等问题凸显。如果任其发展下去，资源环境问题就会越来越突出，甚至酿成生态环境灾难。人类社会发展史告诉我们，城市规模要同资源环境承载能力相适应，通过人为强制、超越自然禀赋推动的社会进程，最终是要付出代价的。在推进新型城镇化过程中，要高度重视森林、湖泊、湿地等绿色生态空间保护，强化水资源管理，切实提高能源利用效率，减少主要污染物排放总量，不断改善环境质量，增强抵御和减缓自然灾害能力。

五、产业人口向中心城市和城市群等经济发展优势区域集中

习近平总书记指出，产业和人口向优势区域集中，形成以城市

群为主要形态的增长动力源，进而带动经济总体效率提升，这是经济规律[1]。推进城镇化不仅增加城镇人口、促进社会分工、提高生产效率，而且显著提升资源利用效率和设施服务规模效益，城镇逐渐成为生产要素汇集地和经济社会发展动力源，高密度的城镇区域进一步发展，形成城市、都市圈、城市群等多层次的空间形态。近年来，我国经济和人口向大城市及城市群集聚的趋势比较明显，中心城市和城市群正在成为承载发展要素的主要空间形式。要按照客观经济规律，促进各类要素合理流动和高效集聚，增强创新发展动力，增强中心城市和城市群等经济发展优势区域的经济和人口承载能力。

六、城镇化较快发展的中后期会出现一些新情况新问题

从国内外一般规律看，城镇化进入较快发展中后期会有一些特点。比如，城镇化速度将从高速增长转向中高速增长。改革开放以来，我国城镇化经历了一个起点低、速度快的发展过程。随着我国经济发展进入新常态，城镇化速度也从高速增长转向中高速增长，城镇化发展方式由规模扩张转向以提升质量为主的转型发展新阶段。延续过去快速粗放的城镇化发展模式，会带来产业升级缓慢、资源环境恶化、社会矛盾增多等诸多风险，可能落入“中

[1] 《推动形成优势互补高质量发展的区域经济布局》，《求是》2019 年第 24 期。

等收入陷阱”，进而影响现代化进程。又比如，由于城市基础设施、公共服务水平、城市管理能力等不能适应城市化快速发展的需求，各种“城市病”有可能集中暴发。纵观世界城市发展历程，不少国家在城市化过程中都出现过不同程度的城市病，有的甚至出现了严重社会危机。在城镇化快速发展中后期，应把工作重心转向提升城镇化质量，建立健全适应产业转型升级要求和居民美好生活需要的城镇化体制机制。

第二节

深刻阐述新型城镇化的重大作用

习近平总书记指出，推进城镇化是解决农业、农村、农民问题的重要途径，是推动区域协调发展的有力支撑，是扩大内需和促进产业升级的重要抓手，对全面建成小康社会、加快推进社会主义现代化具有重大现实意义和深远历史意义[1]。党的十八大以来，以习近平同志为核心的党中央在实践中不断深化对新型城镇化重大作用的认识，极大增添了推进中国特色新型城镇化的自信与自觉。

一、提升要素配置效率激发发展新动能

推进新型城镇化过程中所着力解决的人、地、钱等要素市场化

[1] 《在中央城镇化工作会议上的讲话》（2013 年 12 月 12 日），《习近平关于社会主义经济建设论述摘编》，中央文献出版社 2017 年版，第 159 页。

改革问题，其核心是促进劳动力、土地、资本在城乡之间、区域之间的优化配置，进而提高全要素生产率。

（一）促进社会分工细化发挥人力资源新优势

习近平总书记指出，实现1亿人在城镇落户意义重大，在劳动年龄人口总量减少的情况下，对稳定劳动力供给和工资成本、培育现代产业工人队伍具有重要意义[1]。目前，我国全员劳动生产率远低于美国等发达国家水平，持续推进新型城镇化，既能够促进农村富余劳动力从低生产率的农业部门转移到高生产率的非农部门，带动整体劳动生产率的提高；又可以延长农民工在城市的劳动年龄时间、提升劳动参与率，带动产业结构优化和分工细化，提高存量劳动力使用效率；还能够集中有效地为农业转移人口提供职业培训，确保随迁子女平等享有更好的教育，提升劳动力素质，稳定劳动力供给，培育形成现代产业工人队伍。

（二）促进土地资金等要素流动提高资源配置效率

习近平总书记指出，要破除资源流动障碍，使市场在资源配置中起决定性作用，促进各类生产要素自由流动并向优势地区集中，提高资源配置效率[2]。推进新型城镇化将进一步提升单位面积建设用地综

[1] 《中共中央关于制定国民经济和社会发展第十三个五年规划的建议》，人民出版社2015年版，第53页。
[2] 《推动形成优势互补高质量发展的区域经济布局》，《求是》2019年第24期。

合承载能力和经济产出率，更好节约集约利用土地资源；通过构建城乡统一建设用地市场，还将有利于加快盘活城乡存量建设用地，不断提高土地资源整体配置效率。公共服务和基础设施领域具有明显的规模经济效应，随着城市人口规模和密度的增加，新增人口所需增加的公共服务和基础设施投入呈边际递减趋势。推动有意愿的农业转移人口在城镇集聚居住，有利于以更低成本提供基础设施和公共服务，提高公共资金使用效率。

（三）促进创新要素集聚激发发展新动能

创新是引领经济社会发展的第一动力。城市是各类要素资源和经济社会活动最集中的地方，是创新迸发、技术迭代、模式升级的“孵化器”。世界各国的创新高地基本都在城市地区，创新成果大多诞生于城市地区，我国国家自主创新示范区全部在人口密集的城市。新型城镇化可以充分利用城市规模经济产生的专业化分工效应，降低交易成本，营造创新的制度环境、政策环境和文化氛围，为大量创新要素的高密度聚集和交流碰撞创造机会，激发各类市场主体围绕需求结构变动开展创新创业的热情，形成推动经济持续健康发展的不竭动力。

二、扩大内需形成强大国内市场

2020 年 7 月 30 日，习近平总书记主持召开中共中央政治局会议时强调，要以新型城镇化带动投资和消费需求。新型城镇化水平持续提高，会使更多农民通过转移就业提高收入，通过转为市民享受更好的公共服务，从而使城镇消费群体不断扩大、消费结构不断升级、消费潜力不断释放，也会带来城市基础设施、公共服务设施和住宅建设等巨大投资需求，这将为经济发展提供持续的动力。

（一）推动农业转移人口市民化释放居民消费潜力

城市比农村有更多的就业机会，有更好的公共服务供给，有更多的消费选择和消费机会。尽管目前已有两亿多农民进城就业，但由于他们在身份上无法转化为真正意义上的城市居民，在城市安家立业的障碍还很多，“候鸟迁徙”式的打工生活，使他们难以形成长期稳定的消费预期，其潜在的消费需求就不会转化为可拉动经济增长的现实需求。新型城镇化推动农业转移人口在城镇落户定居，获得更好的就业和更高的收入，更好地享受城镇公共服务保障，有助于增加城镇消费人群并推进消费升级，进而充分释放庞大城镇人口的消费潜力。未来五年，在 1.7 亿外出农民工中，如能推动 1 亿人在城镇稳定居住或落户，将释放消费潜力近 2 万亿元；如再有 6 000 万新增农业转移人口进城工作生活，可以激发消费潜力近 1.5 万亿元[1]。

[1] 根据《中国住户调查年鉴 2019》中城镇居民与农村居民消费差距，按照每人“十四五”期间平均进城消费时间 3 年计算。

（二）提高城市建设水平显著带动有效投资

随着城镇化的稳步推进，未来城镇人口和城市数量将进一步增长，承载这些新增人口，需要改造提升已有的交通、物流、市政等基础设施，还要新增城镇基础设施和公共服务设施作保障，这些方面均蕴藏着巨大投资潜力。随着城市产业升级和居民需求的多元化，新一代移动通信、人工智能等新型基础设施在城市有广阔的应用市场，绿色能源、绿色建筑、绿色交通等方面投资需求日益增多，成为政府和社会投资的重要增长点。

三、促进城乡融合发展

习近平总书记指出，在现代化进程中，城的比重上升，乡的比重下降，是客观规律，但在我国拥有近 14 亿人口的国情下，不论工业化、城镇化进展到哪一步，农业都要发展，乡村都不会消亡，城乡将长期共生并存，这也是客观规律。要把乡村振兴战略这篇大文章做好，必须走城乡融合发展之路。我们一开始就没有提城市化，而是提城镇化，目的就是促进城乡融合[1]。

[1] 《把乡村振兴战略作为新时代“三农”工作总抓手》，《求是》2019 年第 11 期。

（一）促进要素下乡提高农业现代化水平

习近平总书记指出，要健全多元投入保障机制，增加对农业农村基础设施建设投入，加快城乡基础设施互联互通，推动人才、土地、资本等要素在城乡间双向流动[1]。大力推进城乡融合发展，有利于促进工商资本下乡，引入现代化生产和管理，推动传统农业向现代农业迈进；有利于促进科技下乡服务"三农"，为乡村全面振兴提供重要支撑；有利于提升农村劳动力素质，促进人才返乡入乡创业，全面推广先进技术、管理经验、城市现代文明。

（二）在城乡间合理配置公共资源提高农村吸引力

习近平总书记指出，要建立健全城乡基本公共服务均等化的体制机制，推动公共服务向农村延伸、社会事业向农村覆盖[1]。随着城镇化的不断推进，城乡基础设施一体化发展水平不断提升，城乡基本公共服务普惠共享机制不断完善，农村基础设施极大改善，农村公共服务短板得以持续弥补、质量显著提高。人们对农村"山青、水碧、天蓝"的生态环境日益向往，好的田园风光、清新的空气将成为农村宝贵的财富，农村的独特价值将得到进一步彰显。

[1] 《把乡村振兴战略作为新时代"三农"工作总抓手》，《求是》2019 年第 11 期。

（三）增加非农收入缩小城乡收入差距

城镇化促进农村富余劳动力转移，大量农民转移到城市从事非农产业，提高了工资性收入水平，拓展了农民增收渠道。同时，农村的剩余劳动力数量不断减少，留在乡村的劳动者拥有更多生产资料，进而推进适度规模经营、提升农业生产效率，提高了乡村经济综合效益和农民收入。随着城镇化的持续推进，城乡收入的巨大鸿沟也将不断缩小。

四、推动区域协调发展

习近平总书记指出，按照客观经济规律调整完善区域政策体系，发挥各地区比较优势，形成优势互补、高质量发展的区域经济布局[1]。

（一）落实主体功能区战略提高空间利用效率

习近平总书记指出，全国主体功能区规划对城镇化总体布局作了安排，提出了“两横三纵”的城镇化战略格局，这是全局、大局，要一张蓝图干到底，不要“翻烧饼”[2]。我国适宜开发的国土面积较少，

[1]《推动形成优势互补高质量发展的区域经济布局》，《求是》2019 年第 24 期。
[2]《在中央城镇化工作会议上的讲话》（2013 年 12 月 12 日），《习近平关于社会主义经济建设论述摘编》，中央文献出版社 2017 年版，第 166 页。

约 60% 的陆地国土空间为山地和高原，适宜工业化城镇化开发的面积仅有 180 余万平方公里。新型城镇化坚持城市化地区紧凑集约、高效绿色发展，通过推动人口和产业高效集聚，控制城镇建设用地规模和开发强度，促进城市紧凑发展，提高城镇空间利用效率，引导人口经济与资源环境合理配置，进一步保障重点生态功能区提供优质生态产品能力和农产品主产区保障粮食安全的能力，为落实主体功能区战略，推动形成全国农业和生态安全战略格局提供了有效保障。

（二）发挥各地比较优势促进区域间协作互动

比较优势的发挥不是孤立的，而是通过促进不同等级、不同类型区域之间梯次联动和优势互补，在协作中进一步挖掘、激发、彰显和利用。新型城镇化坚持分类指导，通过明确不同类型城市功能定位和发展重点，彰显比较优势和地方特色，有利于推动各地探索适应自身条件的高质量发展路径，形成大中小城市和小城镇特色鲜明、优势互补的发展格局。新型城镇化以城市群为主要平台，建立完善跨区域城市发展协调机制，推动城市间产业分工、基础设施、环境治理等协调联动，有利于形成以中心城市和都市圈引领城市群发展、城市群引领区域经济协调发展的新模式，有利于形成统筹东中西、协调南北方的区域发展新格局。

第三节

科学指明新型城镇化的发展方向

习近平总书记指出，如果城镇化目标正确、方向对头，能走出一条新路，将有利于释放内需巨大潜力，有利于提高劳动生产率，有利于破解城乡二元结构，有利于促进社会公平和共同富裕，而且世界经济和生态环境也将从中受益[1]160。党的十八大以来，以习近平同志为核心的党中央在既有经验和教训的基础上，科学指明新型城镇化的发展方向，为推进中国特色新型城镇化提供了根本遵循。

一、把以人为本作为新型城镇化的本质属性，不断促进人的全面发展

习近平总书记指出，现代化的本质是人的现代化[1]164，要推进

[1]《在中央城镇化工作会议上的讲话》（2013 年 12 月 12 日），《习近平关于社会主义经济建设论述摘编》，中央文献出版社 2017 年版。

以人为核心的城镇化，提高城镇人口素质和居民生活质量[1]161。我国一些地区在城镇化过程中，不同程度地存在重物轻人、见物不见人的现象，由此产生一系列问题。不能把城镇化简单等同于城市建设，而是要围绕人的城镇化这一核心，实现产业结构、就业方式、人居环境、社会保障等一系列由乡土中国到城市中国的转变。

实践证明，把以人为本作为新型城镇化的本质属性，推进农业转移人口市民化，顺应了民心、释放了内需、带动了改革。坚持以人为本，不仅要解决好已经转移到城镇就业的农业人口落户问题，还要提高农民工融入城镇的素质和能力，不断提高人口素质和居民生活质量；不仅要提供服务保障，稳步推进城镇基本公共服务常住人口全覆盖，还要培养人的现代思维方式、行为习惯，促进人的全面发展和社会公平正义，全面推动社会文明进步。

二、把优化布局作为新型城镇化的应有之义，以城市群为主体促进大中小城市和小城镇协调发展

习近平总书记指出，城市群是人口大国城镇化的主要空间载体，像我们这样人多地少的国家，更要坚定不移，以城市群为主体形态推进城镇化[1]166。我国城镇化布局与资源环境承载力之间的矛盾日

[1]《在中央城镇化工作会议上的讲话》（2013 年 12 月 12 日），《习近平关于社会主义经济建设论述摘编》，中央文献出版社 2017 年版。

渐突出，面临可持续发展的严峻挑战。我国耕地、水资源、能源资源等人均水平低、空间分布不均，生态环境总体脆弱，这对城镇化空间布局提出了更高要求。

实践证明，根据资源环境承载能力，依托综合交通网络和信息网络，科学规划布局城市群，推动城市群高质量发展，有利于促进人口、经济与资源环境承载力更加适应，有利于促进国土空间均衡开发。坚持优化布局，要做到全国“一盘棋”，科学规划建设城市群，推动城市群基础设施互联互通、公共服务共建共享、生态共保环境共治、成本共担利益共享，合理控制城镇开发边界，优化城市内部空间结构，以城市群为主体促进大中小城市和小城镇协调发展。

三、把生态文明作为新型城镇化的内在要求，实现人与自然和谐共生

习近平总书记指出，要着力推进绿色发展、循环发展、低碳发展，尽可能减少对自然的干扰和损害，节约集约利用土地、水、能源等资源[1]。实现可持续发展是世界各国的共同追求，更是建设美丽中国的内在要求，成功的城镇化必然是人与自然和谐相处的城镇化。一些城市重经济发展、轻环境保护，导致大气、水、土壤等环境污染加剧，

[1]《在中央城镇化工作会议上的讲话》（2013 年 12 月 12 日），《习近平关于社会主义经济建设论述摘编》，中央文献出版社 2017 年版，第 161 页。

生态环境受到破坏。推进城镇化不能造成水体污染、雾霾频发，而是要节能减排、绿色低碳，使城市成为天蓝、地绿、水净的美好家园。

实践证明，只有坚持生态文明的城镇化，加快形成节约资源和保护环境的空间格局、产业结构、生产方式、生活方式，解决好损害人民群众健康的突出环境问题，才是可持续的城镇化，才是群众认可和向往的城镇化。要树立绿水青山就是金山银山理念，把生态文明建设贯穿城镇化进程，不断满足人民群众日益增长的优美生态环境需要。

四、把传承文化作为新型城镇化应有的品质风貌，强化中华民族的精神支撑

习近平总书记指出，中华优秀传统文化是中华民族的精神命脉，是涵养社会主义核心价值观的重要源泉，也是我们在世界文化激荡中站稳脚跟的坚实根基[1]；要发展有历史记忆、地域特色、民族特点的美丽城镇，不能千城一面、万楼一貌[2]。当今世界正处于大发展大变革大调整时期，各种思想文化交流交融交锋更加频繁，文化在综合国力竞争中的地位和作用更加凸显。中华文化源远流长，是无比珍贵的财富，也是我国屹立世界民族之林的重要支撑。

[1]《在文艺工作座谈会上的讲话》（2014 年 10 月 15 日），《十八大以来重要文献选编》（中），中央文献出版社 2016 年版，第 135 页。

[2]《在中央城镇化工作会议上的讲话》（2013 年 12 月 12 日），《习近平关于社会主义经济建设论述摘编》，中央文献出版社 2017 年版，第 161 页。

实践证明，文化是城市的生命力所在，城市是文化融合的平台，只有尊重不同城市的自然历史文化禀赋差异，创造性地保护和传承好历史文化，保留多样化城市风貌，才能在城镇化过程中保存文化记忆、延续历史文脉、散发文化温度。坚持传承文化，要加强文化遗产保护与合理利用，打造历史底蕴厚重、时代特色鲜明的人文魅力空间，根据不同地区的自然历史文化禀赋，体现区域差异性，提倡形态多样性，以文化繁荣推动城镇化进程。

五、把更加注重安全健康作为新型城镇化的重要内容，融入城市规划、建设、管理全过程各环节

习近平总书记指出，人民安全是国家安全的基石，人类健康是社会文明进步的基础，要推动将健康融入所有政策，把全生命周期健康管理理念贯穿城市规划、建设、管理全过程各环节[1]。城市的发展给人类的生活、工作带来便利，然而高速发展的城市也容易面临社会、卫生、生态等诸多问题，正逐渐成为威胁人类安全健康的重要因素。新冠肺炎疫情在全球蔓延特别是在城市集中暴发，暴露出一些城市保障群众安全健康能力的不足，凸显了安全健康城市建设的重要性、必要性。

实践证明，城市是为人而存在的，让健康的人生活在健康的城

[1] 在专家学者座谈会上的讲话（2020 年 6 月 2 日），《人民日报》2020 年 6 月 3 日。

市里，让生活在城市中的人都有安全感，是城市建设管理者的重要责任。坚持城市更加注重安全健康，要着力完善重大风险防控、公共卫生应急管理体系，改革完善疾病预防控制体系、重大疫情防控救治体系，健全统一的应急物资保障体系和部门协同机制，提高应对重大风险和突发重大公共卫生事件的能力和水平。

第四节

鲜明提出新型城镇化的根本目的

党的十八大以来，以习近平同志为核心的党中央坚持以人民为中心的发展思想，坚定实施以人为核心的新型城镇化，始终把满足人民美好生活需要作为工作出发点和落脚点。

一、繁荣城市产业增加城市就业

习近平总书记指出，人要在城市落得住，关键是要根据城市资源禀赋，培育发展各具特色的城市产业体系，强化城市间专业化分工协作，增强中小城市产业承接能力，特别是要着力提高服务业比重，增强城市创新能力，营造良好就业和生活环境[1]。推进新型城

[1] 《在中央城镇化工作会议上的讲话》（2013 年 12 月 12 日），《习近平关于社会主义经济建设论述摘编》，中央文献出版社 2017 年版，第 163 页。

镇化有助于繁荣城市产业、增加城市就业，为满足人民日益增长的美好生活需要提供牢靠的物质保障。

（一）新型城镇化促进产业体系发展和产业链延伸、增加城市就业

新型城镇化着力改善各类市政基础设施，为制造业和服务业发展创造基础条件；促进农业转移人口进入城镇就业，促进了劳动力从一产向二产、三产转移；随着人的集聚和消费需求的日益多样化，可以助力制造业转型升级，推动生产性服务业专业化、市场化、社会化发展，推动城市发展各具特色的产业体系；强化城市间专业化分工协作，增强中小城市产业承接能力，延长产业链、共享价值链，进而促进不同城市的产业特色化，繁荣各类城市产业发展，增加城市就业岗位。

（二）新型城镇化发展创造新需求、新业态、新岗位

城市是经济发展的主要载体、创新活动的主要策源地。近几年，一些城市抓住机遇，布局新兴技术产业，城市产业从低端走向高端，创造了大量新就业岗位。据统计，2018 年数字经济领域的就业岗位为 1.91 亿个，占当年总就业人数的 24.6%，数字经济领域成为吸纳劳动力的重要渠道。随着城市节奏变快和居民对品质生活要求增多，重品质和效率，更加丰富多元的消费需求不断催生，以网约车、共享单车、外卖、知识付费、在线教育、都市农业休闲等为代表的

一系列新业态层出不穷，就业新模式快速涌现。

二、提高基本公共服务均等化水平

习近平总书记指出，要坚持以创新、协调、绿色、开放、共享的发展理念为引领，以人的城镇化为核心，更加注重提高户籍人口城镇化率，更加注重城乡基本公共服务均等化[1]。

（一）促进城镇常住人口基本公共服务均等化

推进新型城镇化，一方面，通过解决农业转移人口等非户籍人口在城镇的落户问题，使其享受到城镇的公共服务；另一方面，推进城镇基本公共服务覆盖未落户常住人口，在义务教育、就业服务、基本养老、基本医疗卫生、住房保障等方面为其提供城镇基本公共服务。2015 年国务院颁布了《居住证暂行条例》，通过居住证推进城镇基本公共服务和办事便利常住人口全覆盖。各地逐步建立了以居住证为载体，与居住年限等条件相挂钩的城镇常住人口基本公共服务提供机制，很多城市居住证附着的公共服务和办事便利项目逐年增加，城镇常住人口基本公共服务均等化水平不断提高。

[1] 对深入推进新型城镇化建设作出的指示（2016 年 2 月），《习近平关于社会主义经济建设论述摘编》，中央文献出版社 2017 年版，第 197 页。

（二）提升城乡基本公共服务均等化水平

当前，城乡间基本公共服务水平仍然存在较大差距。2018 年我国农村每千人口医师数为 1.8 人，仅为城市的 45%。通过推动新型城镇化和城乡融合发展，推进公共就业服务网络向县以下延伸，全面建成覆盖城乡居民的社会保障体系，加快形成政府主导、覆盖城乡、可持续的基本公共服务体系，推进城乡公共服务一体化，将稳步提高城乡基本公共服务均等化的水平。

（三）提高区域间基本公共服务均等化水平

区域协调发展的基本要求是实现基本公共服务均等化，特别是确保承担安全、生态功能区域的人口享受均等化的基本公共服务供给。新型城镇化发展要求注重中西部地区城镇化，加强中西部地区重大基础设施建设，引导产业转移，探索构建城市间协同发展机制，推进基础设施共建共享，推动公共服务均等化供给。随着新型城镇化的深入推进，区域间基本公共服务差距将加快缩小。

三、满足多元需求增强城镇居民幸福感

习近平总书记指出，城市是人民的城市，人民城市为人民。无论是城市规划还是城市建设，无论是新城区建设还是老城区改造，

都要坚持以人民为中心，聚焦人民群众的需求，合理安排生产、生活、生态空间，走内涵式、集约式、绿色化的高质量发展路子，努力创造宜业、宜居、宜乐、宜游的良好环境，让人民有更多获得感，为人民创造更加幸福的美好生活[1]。

（一）满足人们对美好人居环境的需求

推进新型城镇化从满足人的生存和发展需求出发，配置城市功能元素，打造优良宜居环境，让居民过上高质量的生活，提高幸福指数。新型城镇化突出让城市融入自然，融入现代元素，保护和弘扬传统优秀文化。近年来，我国通过绿色城市建设，把绿水青山保留给城市居民，尊重自然原貌，降低城市发展对环境的影响，增强了城市的宜居性。从世界城市发展经验来看，绿色低碳循环发展是促进经济高质量发展、提升生活宜居品质、塑造城市优美形态、增强城市核心功能的重要途径。城市实现绿色发展，能够更好地满足市民对更舒适的居住条件、更优美环境的需求。

（二）满足人们对公平包容社会的需求

城市市民是由各类人群组成的集合体，不同人群担当着不同的角色、贡献着不同的作用，构成完整而生机勃勃的城市图景。城市发展离不开这些人群，必须树立共建共享共治的理念，为各类人群

[1] 在上海考察时的讲话（2019 年 11 月 2–3 日），《人民日报》2019 年 11 月 4 日。

提供良好的城市公共服务与治理体系，才能实现高效的城市运行与发展，促进人的全面发展。新型城镇化要求城市坚持共享发展，增强包容性，更加注重统筹政府、社会、市民三大主体，提高各方推动城市发展的积极性。近年来，许多城市积极探索外来人口参与社会治理的新机制，增强了他们对城市的认同感和归属感；许多城市社会工作者和志愿者积极参与社区治理，为形成多元共治格局提供了有益经验。

第二章

学习贯彻
习近平总书记关于新型城镇化重要论述的
深刻体会

习近平总书记关于新型城镇化的重要论述提出了一系列开创性、历史性的新理念和新论断，赋予了城镇化相关理论和具体实践一系列新命题和新要求，明确了新型城镇化工作的指导思想、基本原则和目标任务，为深刻把握中国特色新型城镇化的鲜明特征，持续深化中国特色新型城镇化地方实践，不断丰富中国特色新型城镇化理论内涵，提供了时代坐标和科学依据。当前，我国经济社会发展的内外部环境正在发生深刻变化，城镇化也处于全面深度转型的关键时期。站在即将全面建成小康社会、全面开启社会主义现代化建设新征程这一新的历史起点上，必须深入学习、深刻体会习近平总书记关于新型城镇化重要论述的丰富内涵和精神实质，认真自觉地用其武装头脑、指导实践、造福人民。

第一节

以人民为中心是新型城镇化的根本宗旨

党的十八届五中全会鲜明提出，要坚持以人民为中心的发展思想，把增进人民福祉、促进人的全面发展、朝着共同富裕方向稳步前进作为经济发展的出发点和落脚点[1]。必须坚持把以人为本作为新型城镇化的本质属性，不断促进人的全面发展和社会公平正义，使全体人民共享城镇化发展成果。

一、以人的城镇化为核心，着力提高城镇化质量

（一）坚持以人为本，改变“重物轻人”的传统城镇化思维

很长一段时期内，各地对城镇化存在着较为严重的认识偏差，

[1]《在十八届中央政治局第二十八次集体学习时的讲话》（2015 年 11 月 23 日），《习近平关于社会主义经济建设论述摘编》，中央文献出版社 2017 年版，第 31 页。

把物质形态的工程建设作为城镇化的主要内容，甚至把城镇化简单地理解为“造城”，一些城市“摊大饼”式扩张、占地过多，对保护耕地和保障粮食安全构成威胁，导致城市政府债务负担过重，金融风险不断积累；强征土地侵害农民利益，不顾条件拆除农房、逼农民进城等现象时有发生。城镇化不是土地城镇化，而是人口城镇化。城镇化绝不是要把农村都变成城市，把农村居民点都变成高楼大厦；不是盲目建设大量新城新区，结果没有产业和居民，或者积累了大堆矛盾和问题。对此必须有十分清醒的认识，在推进城镇化过程中要避免“造城”运动，防止城市低水平扩张，改变城镇化只要土地不要人的现状，把关注点放到人的城镇化上，回归到让更多人口融入城镇这个本源上来。

（二）以提高质量为导向，推动传统城镇化发展方式转变

改革开放以来，我国城镇化进程明显加快，取得显著进展，但在快速发展中也产生了不少矛盾和问题。粗放扩张、人地失衡、举债度日、破坏环境的老路不能再走了，也走不通了。党的十八大把城镇化质量明显提高作为全面建成小康社会的重要要求，中央城镇化工作会议明确提出以促进人的城镇化为核心、提高质量为导向的新型城镇化战略。推进城镇化进入以提升质量为主的转型发展新阶段，将促进劳动力这一核心生产要素的合理流动与活力迸发，推动我国发展方式从依靠扩大劳动力的数量向提高劳动力的质量转变，从依靠资源数量投入向提高使用效率转变，释放出巨大的内需红利和改革红利，为经济发展提供强大的动力。

二、解决人口城镇化问题要有足够的历史耐心

（一）农民变成市民需要较长时间

习近平总书记指出，真正使农民变成市民并不断提高素质，需要长期努力，不可能一蹴而就。在人口城镇化问题上，我们要有足够的历史耐心[1]。我国原有城乡分割的户籍制度是历史形成的，有其深刻的政治、经济原因。改革开放后，随着经济快速发展特别是工业化快速推进，城乡分割的政策体制开始逐渐松动，越来越多农民进城务工，人口城镇化在此背景下加快发展。由于我国城乡差别难以在短时间内完全消除，户籍制度改革只能循序渐进。因此，各地在具体工作中，制定人口城镇化目标必须实事求是、切实可行，不能把提高统计意义上的城镇化率作为硬任务，急于求成、拔苗助长，靠行政命令层层加码、级级考核。

（二）正确看待农村劳动力在城镇和农村间的流动

习近平总书记指出，一部分农村劳动力在城镇和农村流动，是我国现阶段乃至相当长历史时期都会存在的现象。对这种“两栖人”“候

[1]《在中央城镇化工作会议上的讲话》（2013 年 12 月 12 日），《习近平关于社会主义经济建设论述摘编》，中央文献出版社 2017 年版，第 164–165 页。

鸟”现象不要大惊小怪，也不要恶意炒作[1]。对那些已经在城镇就业但难以适应城镇生活或不愿落户的人口，要逐步提高基本公共服务水平，努力解决好他们的子女教育、医疗卫生、社会保障等需求，使他们可以在城市就业，也可以有序回流农村。不论他们在农村还是在城市，该提供的公共服务都要提供，该保障的权益都要切实保障。

三、“人民城市为人民”是做好城市工作的出发点和落脚点

（一）把握人民城市的根本属性，把以人民为中心贯穿于城市建设全过程和各方面

过去很长一段时间，不少地方的城市工作存在“重发展轻民生”“重建设轻内涵”“重面子轻里子”“重管理轻服务”等问题。一些城市越建越大、越建越漂亮，但居民上学、看病、养老越来越难，群众生活越来越不方便。不少城市大量进城农民工难以融入城市生活，长期处于不稳定状态。城市的核心是人，关键是12个字：衣食住行、生老病死、安居乐业。在新时代推进城市建设，应该坚持以人民为中心，聚焦人民群众的需求，让人民有更多获得感，

[1] 《在中央城镇化工作会议上的讲话》（2013年12月12日），《十八大以来重要文献选编》（上），中央文献出版社2014年版，第594–595页。

为人民创造更加幸福的美好生活。

（二）把人本价值作为检验城市各项工作成效的根本标准

当前，人民群众对城市宜居生活的期待很高，城市工作做得好不好，老百姓满意不满意，城市管理和服务状况是重要评价标准。城市管理和服务同居民生活密切相关，老百姓每天的吃住用行，一刻都离不开城市管理和服务。全心全意为人民服务，为人民群众提供精细的城市管理和良好的公共服务，是城市工作的重头，不能见物不见人。抓城市工作，应把人本价值作为核心取向，作为改进服务和管理的重要标尺，作为检验各项工作成效的根本标准，贯穿城市规划、建设、管理和生产、生活、生态各环节各方面，以更优的供给满足人民需求，用最好的资源服务人民。

（三）把市民作为城市建设、城市发展的主体

市民是城市建设发展的主体，要尊重市民对城市发展决策的知情权、参与权、监督权，鼓励市民通过各种方式参与城市建设、管理，让人民群众成为城市发展的积极参与者、最大受益者、最终评判者。强化人民群众参与的制度化保障，调动人民群众的积极性主动性创造性，激发人民群众的主人翁精神。遵循社会规律的包容性发展，推动广大市民充分融入城市，促进新市民融入城市并与老市民和谐发展。城市应创造更多就业机会、创业平台、事业舞台，努力为工作生活在城市中的人们提供用武之地、打开成功之门。

第二节

农业转移人口市民化是新型城镇化的首要任务

习近平总书记指出，要把促进有能力在城镇稳定就业和生活的常住人口有序实现市民化作为首要任务[1]。必须把户籍制度改革作为重要环节，统筹推进户籍制度改革与基本公共服务均等化，完善以居住证为载体的城镇常住人口基本公共服务提供机制，确保有意愿、有能力、有条件的农业转移人口在城镇便捷落户。

一、户籍制度改革是推进人的城镇化的重要环节

（一）深化户籍制度改革是推动农业转移人口市民化的关键举措

推进人的城镇化，一个重要的环节在户籍制度改革。深化户

[1] 《在中央城镇化工作会议上的讲话》（2013 年 12 月 12 日），《习近平关于社会主义经济建设论述摘编》，中央文献出版社 2017 年版，第 161 页。

籍制度改革，加快推进农民工和其他常住人口在城镇定居落户，是党中央、国务院部署的重大改革任务，有利于稳定经济增长，也有利于促进社会公平正义与和谐稳定。2013 年以来，我国户籍制度改革不断深化，全国共有 9 000 多万农业转移人口成为城镇户籍居民。但与此同时，虽然有 2.27 亿农民工实现了从农业到非农产业的职业转换、从农村到城镇的居住地转换，却还没有实现从农民到市民的身份转变，在城镇还不能全面享有教育、就业服务、社会保障、医疗、保障性住房等方面的公共服务。应加大户籍制度改革措施落实力度，推动户籍制度改革不断提质增效，确保改革成果经得起历史检验。

（二）统筹推进户籍制度改革及各领域配套改革

户籍制度改革不单纯是落户限制的减少或取消，而是一项复杂的系统性工程。一方面，对转移人口集中流入的地区而言，人口的快速增长会在短时间内造成社会保障和公共服务资源供给短缺，需要一定时间来补齐公共服务的短板，比如城乡社保统一需要逐步推进，教师医生需要时间来培养，如果盲目放开可能引发“洼地效应”，加剧资源的拥挤度。另一方面，我国农业转移人口平均收入水平较低，农村土地、宅基地等不动产流动性差，转移人口过度集中地区仅靠自身财力可能难以承受取消落户限制后短期激增的支出压力，需要构建合理有效的市民化成本分担机制。因此，推进户籍制度改革应注重系统的顶层设计，统筹推进土地、财政、教育、就业、医疗、养老、住房保障等配套改革，确保相关改革协同推进、形成合力。

二、推进农业转移人口市民化要坚持自愿、分类、有序

（一）充分尊重农民意愿，合理引导农业转移人口落户城镇的预期和选择

在以往的实践中，部分地区片面理解城镇化，简单地认为合村并居、农民上楼就是城镇化；有些地方的干部认为，让农民仅仅以成本价掏钱买房上楼是帮助农民改善生活方式、过上城里人日子的大好事，因此往往“为农民着想”“替农民做主”。实际上，这样一来农民的生活方式虽然改变了，但生产方式并没有改变，反倒带来许多不便，最终其生活方式也难有质的提高。客观看，对于愿意放弃农村户籍落户城镇的农业转移人口而言，中小城市户籍附着的社会福利和公共服务相对有限，缺乏吸引力。而大城市特别是特大城市落户门槛高，高房价也让农业转移人口“望房兴叹”。因此，有大量进城农民工不愿放弃农村户籍及在农村的各种权益。实践中，应尊重农业转移人口的自主选择权，不能强迫他们市民化，不搞层层摊派，更不能强取豪夺，不顾条件拆除农房，逼农民进城，让农民工“被落户”“被上楼”。

（二）坚持因地制宜、区别对待，实行差别化落户政策

城市规模不可无限制扩张，城市人口也不能无限制膨胀。人口过度集中甚至超过城市承载能力，会给城市资源和环境带来巨大压力，导致“城市病”；人口过度分散，“村村点火、户户冒烟”式发展，不利于城镇规模效应的发挥和集聚经济的形成，会造成效率损失。我国不同地区经济发展水平差异很大，制定政策要充分考虑当地经济社会发展水平、城市综合承载能力和提供基本公共服务的能力。不同区域之间，可根据实际人口承载能力和外来人口流入多少，制定不同的落户政策。同一个城市，也可以根据城市郊区、新区、市区的人口承载力和当前人口实际情况，制定差别化落户政策。

（三）坚持积极稳妥、规范有序，优先解决存量和重点人群

截至 2019 年末，我国有 1.35 亿进城农民工，随迁家属约 4 000 万。我们必须量力而行，充分考虑能力和可能，渐进地推进户籍制度改革，优先解决存量，有序引导增量，而不是人为大幅度地吸引新的人口进城。有大量在城市长期居住生活且有能力落户的农业转移人口，他们为城市作出了巨大贡献，也适应了城市生产生活方式。要优先把这部分进城时间长、就业能力强、可以适应城镇产业转型升级和市场竞争环境的流动人口转为城镇居民，使他们及其家庭在城镇扎根落户，实现身份转变，

获得归属感。

三、逐步提高非户籍常住人口基本公共服务水平

（一）建立以居住证为载体的基本公共服务供给机制

2016 年起，我国全面实施《居住证暂行条例》，推进居住证制度覆盖全部未落户的城镇常住人口。居住证制度的出台，是我国推进新型城镇化、促进劳动力要素合理流动、破除城乡二元体制的重大举措，也是国家治理现代化不断推进的重要体现。它从国家层面首次明确了与居住证相关联的多项基本公共服务和便利，为非户籍常住人口享有城镇基本公共服务提供了通道。为此，应充分保障居住证持有人享有义务教育、就业、公共卫生等基本公共服务，不断扩大对居住证持有人提供的公共服务范围并提高服务标准。

（二）逐步提高非户籍常住人口基本公共服务水平

享受基本公共服务是公民的基本权利，提高基本公共服务水平是推进以人为核心的新型城镇化的具体体现。我国农村劳动力在城乡间流动就业是长期现象，城镇存在大量流动人口，对基本公共服务有很大需求。对于不愿和不能落户的农业转移人口和其

他常住人口，应稳步推进城镇基本公共服务常住人口全覆盖，按照保障基本、循序渐进的原则，让他们在子女教育、就业扶持、医疗卫生、社会保障、住房保障等方面逐步享有与当地居民同等的基本公共服务。

第三节

城市群是新型城镇化的主体形态

党的十九大报告指出，以城市群为主体构建大中小城市和小城镇协调发展的城镇格局。必须遵循经济发展和城市发展客观规律，把工作重点放到促进城市群发展上，加快形成中心城市、都市圈、城市群等多层次的空间形态，开拓城镇化的内生空间，形成带动全国高质量发展新动力源。

一、加快构建高质量发展的动力系统

（一）城市群是城镇化中后期的趋势和规律，也是我国新型城镇化的空间支撑体系

从世界城市发展布局看，城市和人口集中在沿海地区是规律。

城市群崛起是经济发展到一定阶段的重要标志。世界级城市群的发展经验表明，高质量发展的城市群可以优化区域发展格局，带动经济整体发展质量提升。从我国区域经济发展形势看，经济和人口向大城市及城市群集聚的趋势明显。我国已形成京津冀、长三角、珠三角三大城市群为引领，山东半岛、海峡西岸、辽中南、哈长、中原地区、长江中游、成渝地区、关中平原、北部湾、山西中部、呼包鄂榆、黔中、滇中、兰州—西宁、宁夏沿黄、天山北坡城市群竞相发展的格局，成为支撑和带动我国经济发展、体现国家竞争力的重要区域。应加大城市群培育发展力度，促进人口等各类生产要素向优势地区集中。

（二）坚定不移以城市群为主体形态，构建高质量发展的动力系统

城市群既是城市发展到成熟阶段的高级空间组织形式，也是经济发展的重要增长极、参与全球竞争的战略区域。以城市群为主体形态推进城镇化，不仅有助于消除城市病、显著提高居民生活质量，而且能拓展城镇发展空间，释放城镇发展潜力，大幅提升城镇运行效率和经济社会发展水平，推动构建高质量发展的动力系统。要坚持全国“一盘棋”，科学规划建设城市群，推动城市群基础设施互联互通、公共服务共建共享、生态共保环境共治、成本共担利益共享，破除行政壁垒和市场分割，促进生产要素自由流动和优化配置，形成优势互补、密切协作的区域协同发展新格局。

二、分类引导不同地区城市群发展

（一）明确不同地区城市群发展目标和开发方向

我国各地情况千差万别，要对我国城市群建设进行科学规划、合理定位、统筹安排，根据不同地区经济社会发展实际，分类引导不同地区城市群发展。京津冀、长三角、粤港澳大湾区等地区是我国经济最具活力、开放程度最高、创新能力最强、吸纳外来人口最多的地区，要以建设世界级城市群为目标，继续在制度创新、科技进步、产业升级、绿色发展等方面走在全国前列，发挥其对全国经济社会发展的重要支撑和引领作用。东部地区其他城市群，要充分发挥区位优势，全面提高开放水平，集聚创新要素，增强创新能力，提升国际竞争力。中西部和东北地区要在城镇体系比较健全、城镇经济比较发达、中心城市辐射带动作用明显的重点开发区域，加快产业集群发展和人口集聚，培育发展若干新的城市群，在优化全国城镇化战略格局中发挥更加重要作用。

（二）充分考虑不同地区城市群资源环境承载能力

东部地区城市群主要分布在优化开发区域，面临水土资源和生态环境压力加大、要素成本快速上升、国际市场竞争加剧等制约，应加快经济转型升级、空间结构优化、资源永续利用和环境质量提升。中部和东北地区是我国重要粮食主产区，西部地区是我国水源保护区和生态涵养区。培育发展中西部和东北地区城市群，必须严格保护耕地特别是基本农田，严格保护水资源，严格控制城市边界无序扩张，严格控制污染物排放，切实加强生态保护和环境治理，彻底改变粗放低效的发展模式，确保流域生态安全和粮食生产安全。

三、推动大中小城市和小城镇协调发展

（一）推动大中小城市和小城镇协调发展，是解决我国城镇化空间分布和规模结构不合理问题的必然要求

近年来，我国城镇布局进一步优化，但在快速推进过程中也积累了一些问题，城市群布局不尽合理，城市群内部分工协作不够、集群效率不高；部分特大城市主城区人口压力偏大，与综合承载能力之间的矛盾加剧；中小城市集聚产业和人口不足，潜力没有得到充分发挥；小城镇数量多、规模小、服务功能弱。这些问题增加了经济社会和生态环境成本，已经成为制约我国新型城镇化发展的重要因素。城镇体系优化与城市群发育程度是衡量一个国家城镇化水平的重要标志，应坚持合理规划、科学布局，走出一条符合我国国情的大中小城市和小城镇协调发展的新型城镇化道路，促进大中小城市和小城镇合理分工、功能互补、协同发展。

（二）科学定位功能与分工，促进各类城市和小城镇协调发展

推动我国大中小城市协调发展，应深入理解和把握城市发展背后的逻辑和地缘经济关系，在大中小城市间形成具有合理地缘经济关系的城市分工体系。大城市可以给居民提供更高的收入和福利，吸引更多人口聚集，在产业发展多样性和技术进步方面拥有比较优势，应以强化产业协作协同和完善基础设施网络为抓手，充分发挥其规模经济效应和范围经济效应，强化对中小城市的辐射和带动作用，同时要合理控制城市规模，避免患上大城市病。中小城市可以利用在空间、资源、劳动力等方面的比较优势，因地制宜选择适合自身发展的特色产业，与大城市形成具有合理地缘经济关系的产业分工体系，提高产业发展的专业化水平和经济效率。小城镇是城镇体系的末端，虽然规模不大，但功能很强，要按照提高质量、节约用地、体现特色的要求，推动小城镇发展与疏解城市中心城区功能相结合、与特色产业发展相结合、与服务“三农”相结合。

（三）发挥都市圈建设对新型城镇化的关键推动作用

近年来，我国“19+2”城市群格局基本形成，但城市群内部经济社会联系还比较弱，核心城市和周边一体化发展的要求已经越来

越迫切。都市圈是城市群的基础形态，是以大城市为核心、与周边具有紧密人口和经济关联的中小城市共同组成的一体化地域空间组织，是我国城镇化格局中具有枢纽地位的重要一环。建设以中心城市为核心的都市圈，可以实现大中小城市协调发展，促进城市与特色小镇建设、乡村振兴战略联动。要用改革的办法和创新的精神，积极培育发展现代化都市圈。

四、促进特色小镇健康发展

（一）正确理解特色小镇建设的本质特征和功能作用

特色小镇既是经济高质量发展的新平台，又是城镇化建设的新空间、城乡融合发展的新支点，还有望成为传统文化传承保护的新载体。特色小镇是空间布局高效、形态比较先进的经济体，有利于经济增长、就业扩大、人民增收、政府财力增加，为缓解不平衡不充分发展问题提供药方。因此，抓特色小镇建设大有可为，对经济转型升级和新型城镇化建设具有重要意义。

（二）客观分析特色小镇发展中的问题，引导规范特色小镇健康有序发展

发展特色小镇是对的，但有些地方走了样、变了味，要引导其健康发展，切不可一哄而上、拔苗助长。客观地看，我国特色

小镇建设取得了一定成效、积累了一些经验，涌现出一批产业特色鲜明、要素集聚、宜居宜业、富有活力的特色小镇。但在推进过程中，也出现了概念不清、定位不准、急于求成、盲目发展以及市场化不足等问题，有些地区甚至存在政府债务风险加剧和房地产化的苗头。特色小镇是新生事物，从浙江向全国推广只有4年左右时间，除浙江已建设一些成熟特色小镇外，其他地区特别是中西部地区总体处于创建培育阶段，不可避免会产生一些发展中的问题、成长中的烦恼。对此，要有足够的历史耐心。在建设特色小镇过程中，应以引导特色产业发展为核心，以建立规范纠偏机制、典型引路机制、服务支撑机制为重点，加快建立特色小镇高质量发展机制，释放城乡融合发展和内需增长新空间。

第四节

城市可持续发展是新型城镇化的重要内容

习近平总书记指出，要尊重自然、顺应自然、保护自然，改善城市生态环境，在统筹上下功夫，在重点上求突破，着力提高城市发展持续性、宜居性[1]。必须树立正确的城市发展方法论，着力发挥规划在城市发展中的引导作用，把生态文明作为城市建设的内在要求，把传承文化作为城市发展的应有品质，努力让广大人民群众在城市过得更幸福。

[1]《在中央城市工作会议上的讲话》（2015 年 12 月 20 日），《习近平关于社会主义经济建设论述摘编》，中央文献出版社 2017 年版，第 194 页。

一、树立正确的城市发展方法论

（一）统筹空间、规模、产业三大结构，提高城市工作的全局性

要以城市群为主体形态，科学规划城市空间布局，实现紧凑集约、高效绿色发展。要优化提升东部城市群，在中西部地区培育发展一批城市群、区域性中心城市，促进边疆中心城市、口岸城市联动发展，让中西部地区广大群众在家门口也能分享城镇化成果。各城市要结合资源禀赋和区位优势，明确功能定位和主导产业，强化大中小城市和小城镇产业协作协同，逐步形成横向错位发展、纵向分工协作的发展格局。要加强创新合作机制建设，构建开放高效的创新资源共享网络，以协同创新牵引城市协同发展。我国城镇化必须同农业现代化同步发展，城市工作必须同“三农”工作一起推动，形成城乡发展一体化的新格局。

（二）统筹规划、建设、管理三大环节，提高城市工作的系统性

城市工作要树立系统思维，从构成城市诸多要素、结构、功能等方面入手，对事关城市发展的重大问题进行深入研究和周密部署，系统推进各方面工作。要综合考虑城市功能定位、文化特

色、建设管理等多种因素来制定规划。规划编制要接地气，可邀请被规划企事业单位、建设方、管理方参与其中，还应该邀请市民共同参与。要在规划理念和方法上不断创新，增强规划科学性、指导性。要加强城市设计，提倡城市修补，加强控制性详细规划的公开性和强制性。抓城市工作，一定要抓住城市管理和服务这个重点，不断完善城市管理和服务，彻底改变粗放型管理方式，让人民群众在城市生活得更方便、更舒心、更美好。要把安全放在第一位，把住安全关、质量关，并把安全工作落实到城市工作和城市发展各个环节各个领域。

（三）统筹改革、科技、文化三大动力，提高城市发展的持续性

城市发展需要依靠改革、科技、文化三轮驱动，增强城市持续发展能力。推进规划、建设、管理、户籍等方面的改革，以主体功能区规划为基础统筹各类空间性规划，推进“多规合一”。深化城市管理体制改革，确定管理范围、权力清单、责任主体。推进城镇化要把促进有能力在城镇稳定就业和生活的常住人口有序实现市民化作为首要任务。加强对农业转移人口市民化的战略研究，统筹推进土地、财政、教育、就业、医疗、养老、住房保障等领域配套改革。推进城市科技、文化等诸多领域改革，优化创新创业生态链，让创新成为城市发展的主动力，释放城市发展新动能。加强城市管理数字化平台建设和功能整合，建设综合性城市管理数据库，发展

民生服务智慧应用。保护弘扬中华优秀传统文化，延续城市历史文脉，保护好前人留下的文化遗产。

（四）统筹生产、生活、生态三大布局，提高城市发展的宜居性

城市发展要把握好生产空间、生活空间、生态空间的内在联系，实现生产空间集约高效、生活空间宜居适度、生态空间山清水秀。增强城市内部布局的合理性，提升城市的通透性和微循环能力。深化城镇住房制度改革，继续完善住房保障体系，加快城镇棚户区和危房改造，加快老旧小区改造。强化尊重自然、传承历史、绿色低碳等理念，将环境容量和城市综合承载能力作为确定城市定位和规模的基本依据。城市建设要以自然为美，把好山好水好风光融入城市。大力开展生态修复，让城市再现绿水青山。控制城市开发强度，划定水体保护线、绿地系统线、基础设施建设控制线、历史文化保护线、永久基本农田和生态保护红线，防止“摊大饼”式扩张，推动形成绿色低碳的生产生活方式和城市建设运营模式。坚持集约发展，树立“精明增长”“紧凑城市”理念，科学划定城市开发边界，推动城市发展由外延扩张式向内涵提升式转变。城市交通、能源、供排水、供热、污水、垃圾处理等基础设施，要按照绿色循环低碳的理念进行规划建设。

（五）统筹政府、社会、市民三大主体，提高各方推动城市发展的积极性

城市发展要善于调动各方面的积极性、主动性、创造性，集聚促进城市发展正能量。坚持协调协同，尽最大可能推动政府、社会、市民同心同向行动，使政府有形之手、市场无形之手、市民勤劳之手同向发力。政府要创新城市治理方式，特别是注意加强城市精细化管理。要提高市民文明素质，尊重市民对城市发展决策的知情权、参与权、监督权，鼓励企业和市民通过各种方式参与城市建设、管理，真正实现城市共治共管、共建共享。

二、规划在城市发展中起着重要引领作用

（一）增强城市规划的科学性、指导性

考察一个城市首先看规划，规划科学是最大的效益，规划失误是最大的浪费，规划折腾是最大的忌讳。规划在城市发展中起着战略引领和刚性控制的重要作用，做好规划，是任何一个城市发展的首要任务。要实事求是确定城市定位，科学规划和务实行动，避免走弯路。要体现尊重自然、顺应自然的理念，依托现有山水脉络等独特风光，让城市融入大自然，让居民望得见山、看

得见水、记得住乡愁，留住城市特有的地域环境、文化特色、建筑风格等“基因”。

（二）保持城市规划的连续性、严肃性

城市发展过程中，一些地方不顾资源环境承载能力和经济社会客观条件，随意修改城市规划的情况时有发生。“政府一换届、规划就换届”，城市规划无法保持连续性，造成了社会资源的巨大浪费。一些城市的决策者为争取政绩而放弃规划管控底线，用“规划服从经济回报”的代价来满足投资者的要求，未批先建或不按规划进行建设的情况屡禁不止。要坚持先规划、后建设的基本原则，保持城市规划的连续性、严肃性，做到一个市县一本规划、一张蓝图，持之以恒加以落实。

三、城市建设要让群众过得更幸福

（一）城市建设要充分体现人文关怀

城市建设关乎城市形象，更关系到群众的生活质量，必须贯彻以人民为中心的发展理念。让城市生活更美好，是城市建设、发展、治理的价值所在。群众是城市的主人翁，既是城市建设管理的参与者，也应是受益者。一座城市不仅要有群楼广厦，也要有绿地公园；不仅要有现代商场，也要有路边小店；不仅要有宽阔马路，也要有停车泊位。

在建设事关城市长远发展的大工程时，切不可忽视事关百姓日常生活的小项目，应当以“小”见“大”，体现城市建管“以人为本”的精髓。要以群众呼声为着力点，以细节关怀为切入点，从群众关心关注的小事、难事、急事做起，让广大市民从平常生活中分享到实惠。

（二）着力营造群众满意的宜居环境

城市工作要把创造优良宜居环境作为中心目标，努力把城市建设成为人与人、人与自然和谐共处的美丽家园。把让群众生活更舒适这一理念融入城市规划建设的血脉，使住宅、商业、办公、文化等不同功能区相互交织、有机组合，并结合环境整治、存量土地再开发，逐步实现职住平衡。城市街区和道路要有人情味，不要单纯为汽车开道，也要为居民骑车散步、逛街购物、餐饮会友、休闲娱乐提供方便，形成综合功能的街区。

四、城市发展要把生态和安全放在更加突出的位置

（一）城市发展要追求经济目标与生态目标的平衡

长久以来，在我国城镇化过程中，城市生态环境的保护没有得到足够的重视。城镇化刚步入中期阶段时，许多城市资源环境承载能力已经减弱，部分特大城市还出现了以交通拥堵、环境污染为特征的“大城市病”，导致城市居民生活环境恶化。城市发展不仅要

追求经济目标，还要追求生态目标、人与自然和谐的目标，树立“绿水青山就是金山银山”的意识，强化尊重自然、传承历史、绿色低碳等理念。

（二）把安全工作落实到城市发展的各环节各领域

城市是生命体、有机体，要敬畏城市、善待城市。城市是一个开放而复杂的系统，一直没有问题是不可能的，关键是能及时发现、诊疗、施治，并强化日常的“健康管理”和“疾病预防”，不把“小病”拖成“城市病”。必须如履薄冰地守牢安全底线，把安全放在第一位，以对人民高度负责的态度，把安全工作落实到城市工作和城市发展的各个环节、各个领域。既要重视传统安全，确保城市运行顺畅，更要重视人民生命安全，切实以人的生命健康为中心推进经济社会发展。

五、历史文化是城市的灵魂

（一）像爱惜生命一样保护好城市历史文化遗产

历史文化是城市的灵魂，要像爱惜自己的生命一样保护好城市历史文化遗产。城市历史文化遗存是前人智慧的积淀，是城市内涵、品质、特色的重要标志。要注重文明传承、文化延续，增强家国情怀，让人们记住乡愁。城市建设会不断融入现代元素，但必须同步保护和弘扬优秀传统文化。要保护好文化遗产，既要保护古代建筑，也要保护近代建筑；既要保护单体建筑，也要保护街巷街区、城镇格局；既要保护精品建筑，也要保护具有浓厚乡土气息的民居及地方特色的民俗。

（二）在历史文化传承中创新，体现城市精神的时代性

要本着对历史负责、对人民负责的精神，传承历史文脉，处理好城市改造开发和历史文化遗产保护利用的关系。传统历史文化不仅需要深挖、保护、展示，更需要创新方式方法，推动历史文化保护成果创造性转化。要引导人民树立和坚持正确的历史观、价值观、文化观，更好地传承文化、凝聚精神。城市精神彰显着一个城市的特色风貌，要结合历史传承、区域文化、时代要求，打造各具特色的城市精神，对外树立形象，对内凝聚人心。

六、一流城市要有一流治理

习近平总书记指出，推进国家治理体系和治理能力现代化，必须抓好城市治理体系和治理能力现代化[1]。一流城市要有一流治理，要注重在科学化、精细化、智能化上下功夫[2]。

---

[1] 在浙江考察时的讲话（2020 年 3 月 29 日 –4 月 1 日），《人民日报》2020 年 4 月 2 日。
[2] 在上海考察时的讲话（2018 年 11 月 6–7 日），《人民日报》2018 年 11 月 8 日。

（一）城市治理科学化

城市管理科学化是现代城市治理的一个基本要求。无论治理“城市病”还是处理城市事务，都应依循城市发展运行规律、根据现代城市的特点和标准来加强和改进城市管理。要用科学理念、科学方法进行城市管理，在指导思想上确保符合规律、科学务实，在实践上确保缜密协调、低耗高效，实现系统化、精细化管理。要敬畏城市、善待城市，树立“全周期管理”意识，统筹规划、建设、管理和生产、生活、生态等各方面，履行好党和政府的责任。

（二）城市治理精细化

城市管理应该像绣花一样精细，要通过绣花般的细心、耐心、巧心提高精细化水平，绣出城市的品质品牌。越是大城市，管理越要精细，要将精细化管理的要求贯穿城市工作全链条，贯穿规划、建设、管理、执法等城市工作各个环节，覆盖城市空间的各个区域，体现在时时刻刻，涵盖游客、就业人口等各类人群。要推进服务供给精细化，找准服务群众的切入点和着力点，对接群众需求实施服务供给侧改革，办好一件件民生实事。

（三）城市治理智能化

让城市更聪明一些、更智慧一些，是推动城市治理体系和治理能力现代化的必由之路。当前，城市治理还面临很多难题，而高新技术的蓬勃发展，为解决这些难题提供了新手段和新机遇。必须牢牢把握科技创新机遇，运用互联网技术和信息化手段，实现城市治理精准施策、靶向发力，助推城市治理决策科学化、防控一体化、服务便捷化。还要看到，城市治理智能化，不仅需要科技创新，也需要机制创新、理念创新，只有以开放包容的心态，勇于创新、支持创新，才能让我们的城市变得更智慧，让人民群众的生活变得更美好。

第五节

城乡融合发展是新型城镇化的内在要求

习近平总书记指出，要走城乡融合发展之路，向改革要动力，加快建立健全城乡融合发展体制机制和政策体系[1]。必须以促进城乡要素自由流动、平等交换和公共资源合理配置为重点，推动城乡要素配置合理化、公共服务均等化、基础设施联通化、产业发展融合化、居民收入均衡化，加快建立工农互促、城乡互补、全面融合、共同发展的新型工农城乡关系。

一、城乡要素配置要合理化

我国城乡要素合理流动机制还存在缺陷，无论是进城还是下乡，

[1]《在十九届中共中央政治局第八次集体学习时的讲话》（2018 年 9 月 21 日），《习近平关于"三农"工作论述摘编》，中央文献出版社 2019 年版，第 45 页。

渠道还没有完全打通，要素还存在不平等交换。如果乡村人才、土地、资金等要素一直单向流向城市，乡村将长期处于“失血”“贫血”状态，振兴就是一句空话。关键是清除阻碍要素下乡各种障碍，吸引资本、技术、人才等要素更多向乡村流动，为乡村振兴注入新动能。

（一）推动城乡劳动力双向流动

我国还处在城镇化较快发展阶段，农民进城还是大趋势。关键是要健全相关制度保障，让进城的进得放心，让留在农村的留得安心，实现城镇与乡村相得益彰。一方面，要让符合条件的农业转移人口在城市落户安居，加快实现基本公共服务常住人口全覆盖。另一方面，要着力推进乡村招才引智，打好“乡情牌”、念好“引才经”，促进各路人才“上山下乡”投身乡村振兴。要想方设法创造条件，让农村的机会吸引人、让农村的环境留住人，特别是要让一部分年轻人热爱农村农业，培育造就一支高素质农民队伍，优化农业从业者结构，改善农村人口结构。

（二）促进土地资源高效配置

“土地者，民之本也。”一方面，要合理分配土地计划指标。顺应城镇化趋势，加大新增建设用地指标与吸纳落户数量挂钩力度。改进耕地占补平衡管理办法，建立高标准基本农田建设等新增耕地指标和城乡建设用地增减挂钩节余指标跨省域调剂机制，将调剂收益用于巩固脱贫攻坚成果和支持乡村振兴。解决土地增值收益长期“取之于农、用之于城”的问题，破解“农村的地自己用不上、用不好”的困局。另一方面，要盘活农村存量土地，激活沉睡的资源。统筹推进农村土地征收、集体经营性建设用地入市、宅基地制度改革试点。完善盘活农村闲置宅基地和闲置农房的政策，提高宅基地利用效率。

（三）统筹发挥财政资金、金融资本和社会资本作用

财政资金方面，建立多元可持续的资金保障机制，健全财政转移支付同农业转移人口市民化挂钩机制。公共财政要向“三农”倾斜，逐步解决欠账较多的问题。下决心解决支农项目支离破碎的问题，加快建立涉农资金统筹整合长效机制。仅从县一级整合是不够的，要探索从顶层开始整合，同时发挥财政资金“四两拨千斤”作用，撬动更多社会资金。金融资本方面，坚持农村金融改革发展的正确方向，健全适合农业农村特点的农村金融体系，推动农村金融机构回归本源，把更多金融资源配置到农村经济社会发展的重点领域和薄弱环节。社会资本方面，乡村有资金需求，资本也有下乡动力。一方面要优化环境，稳定政策预期，引导好、服务好、保护好工商资本下乡的积极性；另一方面要设立必要的“防火墙”，防止“跑马圈地”、把农民挤出去，防止侵害农村集体产权、侵犯农民利益。

（四）促进科技成果入乡

农业专家的成果要体现在广阔的土地上，把科研创新转化为实践成果，给农业插上科技的翅膀，促进农业技术集成化、劳动过程机械化、生产经营信息化、安全环保法治化。实现质量兴农，既要产得出、产得优，也要卖得出、卖得好。

二、城乡公共服务要均等化

现阶段城乡差距大最直观的是基础设施和公共服务差距大。要聚焦农民最关心最直接最现实的利益问题，加快推动教育、医疗等公共服务下乡，逐步建立健全全民覆盖、普惠共享、城乡一体的基本公共服务体系。

（一）优先发展农村教育事业

加快建立以城带乡、整体推进、城乡一体、均衡发展的义务教育发展机制，努力让每一个农村孩子都能享受公平而有质量的教育。统筹配置城乡教师资源，通过稳步提高待遇等措施，增强乡村教师岗位的吸引力和自豪感。用好网络信息技术，发展远程教育，推动优质教育资源城乡共享。

（二）完善覆盖全民的社会保障体系

健全农村基层医疗卫生服务体系，开展全民健身，倡导科学生活方式，推进健康乡村建设。完善统一的城乡居民基本医疗保险制度和大病保险制度，完善城乡居民基本养老保险制度，完善农村最低生活保障制度，统筹城乡救助体系，织密兜牢困难群众基本生活的安全网。健全农村留守儿童和妇女、老年人关爱服务体系。

三、城乡基础设施要联通化

把公共基础设施建设的重点放在农村，推进城乡基础设施共建共享、互联互通。统筹谋划城乡基础设施建设，推动重要市政公用设施向城市郊区乡村和规模较大中心镇延伸。推动农村基础设施建设提档升级，特别是加快道路和农田水利设施建设，完善管护运行机制。实施好农村人居环境整治三年行动方案，明确目标，落实责任，聚焦农村生活垃圾处理、生活污水治理、村容村貌整治，梯次推动乡村山水林田路房整体改善。推进农村“厕所革命”，把它作为实施乡村振兴战略的一项具体工作来推进，不断抓出成效。不管是发达地区还是欠发达地区，都要持续推进农村环境整治，标准可以有高有低，但要给农民一个干净整洁的生活环境。

四、城乡产业发展要融合化

推进城乡产业合理布局、分工协作，用城市先进的科技、管理理念等改造提升农村产业。抓农村新产业新业态，推动农产品加工业优化升级，把现代信息技术引入农业产加销各个环节，发展乡村休闲旅游、文化体验、养生养老、农村电商等，鼓励在乡村地区兴办环境友好型企业，实现乡村经济多元化。制定便利市场准入的政策和标准，引导乡村新产业顺应城乡居民消费升级趋势，不断改善服务环境、提升品质。推进农村一二三产业融合发展，关键是完善利益联结机制，通过就业带动、保底分红、股份合作等多种形式，让农民合理分享全产业链增值收益。加快农村互联网建设步伐，瞄准农业现代化主攻方向，提高农业生产智能化、经营网络化水平。处理好经济发展和生态环境保护的关系，农村生态环境好了，田园风光、湖光山色、秀美乡村就可以成为聚宝盆，生态农业、养老养生、森林康养、乡村旅游就会红火起来。

五、城乡居民收入要均衡化

科学认识城乡地区收入差距问题，一方面城乡区域之间生活成本差异较大，光看收入不能准确反映问题；另一方面应持续推进农民增收，缩小城乡收入差距。推动城乡劳动者平等就业、同工同酬，通过多种途径着力构建农民收入持续较快增长的长效机制。通过发展现代农业、提升农村经济、增强农民工务工技能、完善农业支持政策、拓展基本公共服务、提高农民进入市场的组织化程度，多途径增加农民收入。壮大农村集体经济，在搞好统一经营服务上、在盘活用好集体资源资产上、在发展多种形式的股份合作上多想办法，全面开展清产核资，进行身份确认、股份量化，推动资源变资产、资金变股金、农民变股东，建立符合市场经济要求的集体经济运行新机制，确保集体资产保值增值，确保集体成员受益。

第三章

全面践行
习近平总书记关于新型城镇化重要论述
取得重大成就

党的十八大以来，以习近平同志为核心的党中央高度重视推进新型城镇化工作，中央城镇化工作会议、中央城市工作会议先后召开，《国家新型城镇化规划（2014—2020 年）》《国务院关于深入推进新型城镇化建设的若干意见》先后发布实施，基本确立了推进新型城镇化的顶层制度和政策设计。国家发展改革委作为推进新型城镇化工作牵头部门，全面贯彻落实党中央、国务院的决策部署，经国务院同意牵头建立城镇化工作暨城乡融合发展工作部际联席会议制度，每年牵头制定发布新型城镇化和城乡融合发展年度重点任务并推进各地区和有关部门单位全面实施，分 3 批在 2 个省和 246 个城市（镇）开展国家新型城镇化综合试点，形成了纵横联动、点面结合、统筹推进的推进新型城镇化工作机制。几年来，我国城镇化水平和质量稳步提升，多项重大制度改革取得积极突破，城镇化发展方式总体出现深层次变革，涉及十几亿人的城镇化驶上了科学、健康、正确的轨道。

第一节

推动 1 亿人在城镇定居落户进展顺利

推进农业转移人口市民化是新型城镇化的首要任务、核心任务。党的十八大以来，各地方、各有关部门扎实有序推动农业转移人口市民化各项任务落地实施，更加注重提高户籍人口城镇化率，更加注重城乡基本公共服务均等化，更加注重提升人民群众获得感和幸福感，1 亿非户籍人口在城市落户的行动取得决定性进展。

一、户籍制度改革取得历史性突破

（一）户籍制度改革顶层设计不断完善

党的十八大以来，党中央、国务院建立并不断完善农业转移人口市民化的顶层制度，户籍制度改革一系列重大政策密集出台。

2014 年，国务院印发《关于进一步推进户籍制度改革的意见》《关于调整城市规模划分标准的通知》，进一步调整户口迁移政策，并调整了城市规模划分标准和城镇人口统计口径，推动实施差别化落户政策。在此基础上，又相继印发《关于深入推进新型城镇化建设的若干意见》《推动 1 亿非户籍人口在城市落户方案》等政策文件，进一步放宽落户限制，突出重点解决符合条件的普通劳动者的落户问题。国家发展改革委、公安部等部门印发《关于督促落实 1 亿非户籍人口在城市落户重点工作任务的通知》，有针对性地提出确保重点群体便捷落户、提升农业转移人口就业能力、优化“人地钱挂钩”操作细则、增强教师编制灵活性等举措。公安部牵头完善了城镇户籍人口统计标准。在各部门、各地区的共同努力下，31 个省（区、市）及新疆生产建设兵团已全部出台户籍制度改革方案或意见，全国范围内的户籍制度改革政策框架已基本构建完成，农业转移人口市民化的制度通道基本打通。

（二）工作推进机制建立健全

国家发展改革委建立推动 1 亿非户籍人口在城市落户双月调度机制，定期召开联络员会议，监测分析各部门牵头负责领域的工作进展和主要问题，持续梳理更新重点难点问题清单，推动各有关部门研究提出针对性举措。加强重点领域政策指导，围绕非户籍人口特别是农业转移人口市民化过程中面临的突出问题，通过召开现场推进会、电视电话会等方式提出具体要求、开展工作指导，推动各地区深化认识、开拓思路、加大工作力度。探索大数据统计方式，针对城市城区常住人口缺乏相应统计指标的问题，国家发展改革委会同国家统计局、自然资源部等部门及三大电信运营商等企业，探索运用大数据测算城市城区常住人口，为评估城市落户政策提供基础数据支撑。

（三）户改效应加快显现和释放

随着户籍制度改革的持续推进，城市落户条件进一步放开放宽，改革红利惠及亿万人民。截至2019年底，中西部地区和东北地区除部分省会城市外，其他城市的落户限制已基本取消，安徽省合肥市将主城区落户条件放宽为就业满两年、参加城镇社保满1年，在重庆的外来人口就业居住均满3年就可落户，中职、技校毕业生可在西安、郑州直接落户；东部地区中小城市落户门槛基本取消，大城市落户政策持续放宽，东莞取消积分落户制、改为最低年限准入制，南京取消积分落户年度指标限制。一些此前落户门槛较高的大城市、特大城市持续全面放宽对普通劳动者的落户限制。北京、上海、广州、深圳等一线超大城市建立了公开透明的积分落户制度。除个别超大城市外，具有一定学历和技能的人口基本实现“零门槛”落户。一些城市探索在不同区域实行差异化落户，并构建区域间转户衔接通道，引导人口合理分布，山东青岛新区落户条件低于主城区、高于县城，在新区落户满5年的可落户主城区。一些城市专门为公交、消防、环卫等艰苦行业从业人员下达落户指标。

党的十八大以来，9 000 多万农业转移人口成为城镇居民，户籍人口城镇化率由 2012 年的 35.3% 提高到 2019 年的 44.38%，年均提高 1.3 个百分点，户籍人口城镇化率与常住人口城镇化率差距缩小 1.1 个百分点。到 2020 年底，1 亿非户籍人口在城市落户目标可以顺利实现。

>> 专栏 3-1

广东东莞推进农业转移人口市民化案例

一、积极拓宽农业转移人口市民化通道

（一）优化入户政策。为了落实国家关于非户籍人口落户城市的战略部署，东莞市不断调整完善入户政策，有序推进农业转移人口市民化，从 2010 年开始启动实施积分制入户工作，至 2015 年已构建起人才入户管理办法和条件准入、积分制入户和企业自评人才入户的“1+3”政策体系。2016 年出台《东莞市关于进一步推进户籍制度改革实施方案》，放开直系亲属投靠，放宽大专以上及技能、特殊专业人才入户条件。2018 年 2 月，为优先解决流动人口存量大的问题，根据广东省部署要求，东莞市出台了《东莞市推动非户籍人口在城市落户实施方案》，取消积分入

户政策，正式实施“两个5年”入户政策（在东莞市参加城镇社会保险满5年且办理居住证满5年的外来务工人员可申请入户政策），并将新生代农民工、技术工人、在城镇就业居住5年以上人口列为落户重点人群。构建起“两个5年入户”、人才入户（条件准入、企业自评入户）、“三投靠”入户和其他政策性迁户等多个入户渠道。2016—2018年，全市每年户籍人口分别增长5.9万人、10.1万人、20.6万人。其中，技能人才入户增长势头迅猛，从2016年的5 221人增至2018年的36 590人，平均年增长速度约为2.65倍。2019年1—7月，新增户籍人口11.7万人。

（二）优化入户程序。建立人才入户信息办理平台，压缩部门审核时间，有效提高入户办理效率。条件准入实行“即来即办”模式，符合条件要求的，当场审核、当场发放人才入户卡。“双五”入户申请人“居住年限”和“参保年限”核查通过部门内部信息共享的方式进行，最大限度缩减申请所需的证明材料。对无违法犯罪证明实行承诺制，无须申请人提供书面证明，由公安部门在办理落户手续时通过系统查询审核。

（三）优化户籍管理。健全居住证积分管理制度。积极探索居住证与享受基本公共服务相挂钩的机制，不断扩展居住证持有人享受公共服务范围，逐步缩小居住证持有人与户籍人口享有的基本公共服务差距。截至2019年6月，东莞市累计办理居住证1 099.24万张。在东莞持有居住证的人口可享有：稳定居住就业入户、积分入学、异地中考、异地高考、办理车管业务、办理出入境业务、异地办理身份证、老年人优惠乘坐公交、办理网约车、异地购房等多项公共服务。畅通入户新型社区的途径。充分发挥各镇街（园区）新型社区作用，有效解决以“三投靠”（即夫妻投靠、子女投靠父母、父母投靠子女）以外形式迁入东莞市且无自有房产和无集体户接收的流动人员的落户问题。

二、大力提升农业转移人口基本公共服务水平

（一）义务教育方面。采取“积分制入学”和“民办学位补贴”等方式解决非户籍人口随迁子女接受义务教育问题。2012—2019年，连续八年将“增加随迁子女积分入学学位供给”纳入市政府“十件实事”。实施积分入学政策。安排非户籍学生到公办学校就读，享受同等免费义务教育，不收取借读费、择校费等费用。截至2018年底，在义务教育公办学校就读的非户籍随迁子女18.12万人，占公办学校在校生总人数的46.9%。实施民办学位补贴政策。实施义务教育阶段积分制入学民办学位补贴政策，2017年以来共向随迁子女提供了接近32万个民办学位补贴资格，进一步扩大随迁子女受惠面。增加公办学位资源供给。加

大统筹力度和经费投入，整合优化教育资源，通过新建、扩建或适当增加教学班的形式，不断增加积分入学学位供给。2019年，市财政设立10亿元公办中小学建设补助资金，引导各镇街加快公办学校建设。建立人才子女入学绿色通道。出台《东莞市“倍增计划”试点企业骨干人才子女入学资助实施细则》《东莞市高端人才和企业人才子女入学实施办法》等系列政策，为企业人才子女入学提供高效便捷的入学通道。

（二）社会保险方面。率先建成城乡一体的社会基本医疗保险和社会养老保险两大体系。实现城镇职工和城乡居民平等参保缴费，享受同等待遇，彻底打破医保城乡二元分割。截至2019年8月底，全市参加社会基本医疗保险607.43万人，其中非户籍389.89万人。实现对包括外资企业、私营企业和个体工商户在内的单位及其职工以及本市户籍农村居民的全覆盖。截至2019年8月底，全市参加社会养老保险580.55万人（含离退休），其中在职非本市户籍425.72万人。

（三）卫生服务方面。推进基本公共卫生服务全覆盖。免费为辖区常住居民提供14类基本公共卫生服务项目，基本公共卫生服务均等化程度大幅提升。截至2019年5月底，全市建立居民电子健康档案697万份，建档率达 83.7%，健康档案使用率达到 95%，为全省最高。

（四）住房保障方面。建成雅园新村、绿荷居等一批保障性住房，基本实现住房保障城乡全覆盖。实施人才安居工程，建成首个市属人才安居项目“莞寓”，提供优质房源约 4 709 套。2014 年以来，东莞市共审批了 31 962 户（人）的住房保障申请，其中户籍家庭 2 436 户、新就业职工 641 人、外来务工人员 28 883 人。2018 年获批的住房保障申请中，91.9% 分配给了进城农民工户。

（五）就业服务方面。针对异地务工人员流动特点，打造系列就业品牌服务活动，每月 10 日统一开展“就业服务日”，年均服务超过 10 万人次。每年春节前，开展“平安回家、相约东莞”专项活动，在各大站场向回乡务工人员提供节后企业用工需求信息；节后举办“春风行动”“南粤春暖”等 40 场以上招聘活动，现场服务 20 多万人，帮助节后返岗就业，返岗率超过 90%。农业转移人口与户籍人口享受同等待遇的培训补贴标准，2018 年共发放各项就业创业补贴 2.67 亿元。

（六）文化服务方面。制定出台基本公共文化服务实施标准共 27 项 65 个指标，确保外来务工人员均等享受基本公共文化服务。推动优质文化资源向基层倾斜，建成 561 个综合性文化服务中心，提升基层市民的文化获得感。

打造“文化周末”“市民周末公开课”等一批具有较高知名度的文化服务产品，进一步满足外来务工人员对公共文化服务的多元化、个性化需求。

——《国家新型城镇化报告（2019）》，人民出版社 2020 年版

二、常住人口基本享有城镇基本公共服务

（一）居住证制度全面建立

2015 年底，国务院颁布《居住证暂行条例》，明确居住证持有人在居住地可依法享有 6 项基本公共服务和 7 项办事便利，居住证制度于 2016 年 1 月 1 日起全面实行。所有省份全部出台居住证实施办法，所有城市和县均已发放居住证，以居住证为载体、与居住年限等条件相挂钩的城镇常住人口基本公共服务提供机制基本建立。各地居住证发放量稳步增加，截至 2019 年底，全国共发放居住证超过 1 亿张。在《居住证暂行条例》明确的公共服务和办事便利基础上，各地进一步增加居住证持有人可以享受的公共服务种类，一些地区居住证附带的公共服务项目超过 30 项，武汉达 106 项、深圳 61 项，居住证“含金量”不断提高。居住证办理程序大幅简化，

人口管理信息化水平不断提高，杭州发行IC卡式居住证、推广使用电子居住证。

（二）随迁子女平等接受义务教育的权利得到较好保障

近年来，各地努力推动随迁子女在流入地以公办学校为主入学，2019年，义务教育阶段随迁子女享受公办学校或政府购买民办学校学位的比例提高到87.5%，22.4万名随迁子女在流入地参加高考。随迁子女在流入地接受中等职业教育免学费等国家资助政策稳步实施，各类补贴性职业技能培训规模不断扩大。城乡义务教育学校教职工编制统筹配置机制和跨区域调整机制建立完善，印发《关于进一步挖潜创新加强中小学教职工管理的指导意见》，进一步优化编制结构，多措并举增加教师总量。城乡义务教育学校生均公用经费基准定额已实现全国统一，农村义务教育保障机制和城市义务教育奖补政策逐步整合，统一的中央和地方分项目、按比例分担的城乡义务教育经费保障机制逐渐形成，积极推动实现“两面一补”和生均公用经费基准定额资金随学生流动可携带。

（三）各类社会保险转移接续机制加快完善

全国统一的城乡居民基本养老保险制度基本建立，职工基本养老保险基础金已在全部31个省（区、市）实现省级统筹，具备了实施全国统筹的条件。制定实施《城乡养老保险制度衔接暂行办法》，所有县级行政区基本实现城乡居民养老保险制度名称、政策标准、管理服务、信息系统“四统一”。城乡居民基本养老保险待遇确定和基础养老金正常调整机制初步建立。统一的城乡居民基本医保制度全面建立，印发《关于整合城乡居民基本医疗保险制度的意见》，城乡居民基本医疗保险基本实现“六统一”，跨省异地就医住院费用直接结算加快推进、就医结算平台覆盖所有县级行政区，87%的居民 15 分钟内能够到达最近医疗点。将农村贫困人口全部纳入基本医保和大病保险范围。社保跨制度、跨地区转移接续流程不断简化。

（四）住房保障和就业服务逐步覆盖常住人口

加快完善住房保障体系，国务院办公厅印发《关于加快培育和发展住房租赁市场的意见》，公共租赁住房保障货币化等政策积极落实，全国大部分市县已将进城落户农民和稳定就业农民工纳入公租房保障。一些城市将符合条件的农业转移人口纳入公租房保障和住房公积金缴存范围，一些城市通过盘活存量资产改善农业转移人口居住条件。山东德州向自愿退出宅基地的农业转移人口发放“房票”，允许其凭“房票”进城购房。截至 2019 年底，850 多万外来务工人员享受公租房保障。修订《就业服务与就业管理规定》，各地将流动人口逐步纳入失业登记范围。国务院办公厅印发《职业技能提升行动方案（2019—2021 年）》，人力资源社会保障部牵头实施新生代农民工职业技能提升计划，多渠道扩大职业技能培训对农业转移人口的覆盖范围。

>> 专栏 3-2

河南郑州推进农业转移人口市民化案例

一、着力深化户籍制度改革，持续降低落户门槛

（一）凡持有郑州市中心城区居住证满1年、户口住址在农村的人员，可申请本人及其共同居住生活的配偶、子女和父母的户口迁入；迁入县（市）、上街区政府驻地镇和其他建制镇的，不要求持有居住证的时限。1980年以后出生、在城镇就业居住、户口住址在农村的人员，可申请本人及其共同居住的配偶、子女和父母的户口迁入。

（二）在郑州市中心城区近一年内参加城镇社会保险满6个月的人员，可以申请本人及其共同居住生活的配偶、子女和父母的户口迁入。迁入县（市）、上街区政府驻地镇和其他建制镇的，不要求缴纳社会保险金的时限。

（三）在郑州市中心城区租赁住房满1年的外地市人员，可到中心城区租赁住房所在地派出所户籍室（户籍服务站）申请本人及其共同居住的配偶、子女和父母的户口迁入；在县（市）、上街区政府驻地镇和其他建制镇的租赁住房入户的，不要求租赁时限。

（四）全面放开对高校毕业生、技术工人、职业院校毕业生和参军进入城镇人口、留学归国人员的落户限制。

（五）实行农村籍高校学生来去自由的落户政策。2019年底，郑州市常住人口城镇化率74.6%，户籍人口城镇化率57.6%，较2012年分别提高8.3个百分点和15.4个百分点；2012—2019年，全市累计新增城镇落户人口184.3万人。

二、着力提升居住证含金量，推动基本公共服务均等化

（一）简化申报流程。全程网上办理，免费邮寄，2016—2019年共发放居住证300多万张。截至2020年6月底，实际有效的居住证220万余张。

（二）保障公共服务供给。自2017年1月起，居住证持有人在本地享受国家规定的六项基本公共服务和七项便利。在此基础上，郑州市新增了60周岁以上居住证持有人享受免费乘坐市内公共交通的优惠政策，截至2020年6月底，已有4.7万人享受此项优惠政策。

（三）落实住房保障政策。郑州市不断放宽非户籍人口申请公租房的条件，户籍与非户籍人口申请公租房的在准入门槛、申请渠道、保障标准等方面已完全相同。此外，郑州市还按照户均保障面积低于60平方米的标准，对符合条件的非户籍住房困难家庭实施分级补贴和租金

减免政策。

三、着力提升社会保障水平，维护农民工合法权益

（一）强化就业创业服务。建成了覆盖全市的1 000多个信息网络节点，依托全省“互联网＋就业创业”信息系统，实现农村劳动力转移就业数据实名查询、实时统计。郑州市进城务工农村劳动者在求职登记、失业登记、免费参加招聘会和职业培训等方面与城镇人员享有同等的公共就业服务。在全省率先落实农民工返乡创业补贴政策，对在郑州市区创业的郑州户籍返乡农民工，办理营业执照、持续经营3个月以上的，给予创业者本人8 000元的一次性创业补贴，2018年又将此标准提高到了10 000元，2017年以来共发放一次性创业补贴1 261.6万元。

（二）完善社会保险体系。在养老保险方面，在郑州市企业就业人员不受户籍限制，均可参加城镇企业职工基本养老保险。河南省户籍居民在郑州市从事灵活就业的，可以灵活就业人员身份参加企业职工基本养老保险。在工伤保险方面，以建筑业、煤矿等高工伤风险行业为重点，积极推动农业转移人口参加工伤保险。在失业保险方面，农村进城务工人员与城镇人员执行统一的参保缴费和享受待遇政策。在医疗保险方面，建立了统一的城乡居民医保基本制度，实现市级统筹，构建了一体化的管理体制和信

息系统。居住证持有人可选择参加郑州市职工基本医疗保险或以灵活就业人员身份参加职工医疗保险，并与郑州市用人单位参保职工享受同等的医疗保险待遇。

四、着力做好义务教育工作，解决随迁子女就学难题

（一）强化政策保障。2014 年、2017 年郑州市相继印发《关于进一步做好进城务工人员随迁子女义务教育工作的通知》《关于进一步加强农村留守儿童教育和随迁子女接受义务教育工作的通知》，逐步完善以居住证为主要依据的义务教育阶段随迁子女入学政策，保障随迁子女平等接受义务教育，确保“应入尽入”。

（二）加快学校建设。坚持以流入地政府安排为主的原则，夯实责任，加大投入，扩大公办学校规模。2019 年全市共投资 35.67 亿元，新建、改扩建学校 34 所。

（三）坚持“平等教育”。把进城随迁子女与城市学生统一管理、统一编班、统一教学、统一安排活动，在评优奖励、入队入团、课外活动等方面一视同仁。截至 2019 年秋季，郑州市区义务教育阶段在校学生 70.88 万人，其中随迁子女 23.76 万人（小学 16.92 万、初中 6.84 万），占在校生总数的 33.52%。

——《国家新型城镇化报告（2019）》，人民出版社 2020 年版

三、农业转移人口市民化配套政策体系基本建立

（一）“人地钱挂钩”配套政策落地生效

印发《关于支持农业转移人口市民化若干财政政策的意见》《关于建立城镇建设用地增加规模同吸纳农业转移人口落户数量挂钩机制的实施意见》等关键性配套文件，多数省份已制定“人地钱挂钩”实施细则或办法。2016—2020 年共下达中央财政市民化奖励资金 1 250 亿元，对吸纳农业转移人口较多城市的基础设施建设投资进行补助。广东省惠州市建立基本公共服务专项统筹资金，市财政出资不少于 1 亿元，各辖区按上年度一般预算收入的 3% 参缴，对因落户数量大而承担较多基本公共服务支出的辖区，安排更多的财政转移支付。农业转移人口落户数量已成为制定年度全国土地利用计划、安排城镇新增建设用地规模的重要依据，并在计划中单列城镇保障性安居工程用地。山东、福建等省份单列“人地挂钩”新增建设用地计划指标，并分解到市（县）。重庆市以人定地编规划、地随人走调规划、人口落户下计划，根据各辖区户籍人口数量变化来调整建设用地规模，合理保障产业项目用地需求，推动人口向优势地区转移落户。

（二）农村“三权”维护和退出机制加快建立

《农村土地承包法》以及中央有关文件明确要求，不得以退出

农村“三权”作为农民进城落户的条件。印发《关于完善农村土地所有权承包权经营权分置办法的意见》《关于稳步推进农村集体产权制度改革的意见》等政策文件，各地都明确不得以退出农村“三权”作为农民进城落户的条件。各地积极探索农民合法性权益自愿有偿退出，2015年至2019年10月底，全国33个试点县（市、区）腾退零星宅基地26万户、共14.5万亩。

（三）城乡土地制度改革取得明显成效

城乡建设用地增减挂钩节余指标跨省调剂机制初步建立，“三区三州”及其他深度贫困县增减挂钩节余指标由国家统筹跨省调剂使用。农村承包地确权登记颁证工作基本完成，摸清了底数，稳定了承包关系，为土地适度规模经营和新型农业经营主体培育奠定了基础。贵州省安顺市推进农村土地承包经营权、林权、集体土地所有权、集体建设用地使用权、房屋所有权、小型水利工程产权、农地集体财产权“七权”同确。陕西省西安市高陵区在网络平台上交易土地承包经营权，实现信息发布、交易鉴证、价值评估等12个环节“一厅式”办理。农村闲置宅基地和闲置住宅盘活利用工作稳妥开展，土地利用更加节约集约。安徽省六安市金寨县对节约集约使用宅基地的农户给予奖励，低于标准面积的，每减少1平方米给予100元奖励，自然放弃宅基地的，每户奖励2万元。农村承包土地的经营权和农民住房财产权抵押贷款试点不断深化，形成以当地农商行为主体、其他金融机构广泛参与的农村金融服务格局。

>> 专栏 3-3

重庆推进农业转移人口市民化案例

一、强化组织推动，建立健全工作机制

建立市区两级新型城镇化联席会议制度和户籍制度改革工作联席会议制度，将推动农业转移人口市民化工作纳入全市新型城镇化工作的重要内容统筹推进。建立定期会议、跟踪评估、工作通报等多项运行制度，分解细化户籍制度改革相关工作年度任务并实行台账式管理，市政府将推动非户籍人口落户工作纳入督办内容，确保政策落地、责任落实。

二、坚持就业前提，全面放宽落户条件

出台《重庆市户口迁移登记实施办法》，统筹市内外落户政策，立足各片区城市资源环境禀赋、产业发展实际情况，进一步放宽落户条件。总体上不设指标控制，不积分排队，市内市外人员落户同权、租购房屋落户同权，只要就业达到一定年限（主城区最高 3 年、最低无限制）就可申请办理落户。对大中专毕业生、留学回国人员、具有初级以上专业技术职称人员不设就业年限门槛。

三、落实配套政策，保障进城居民同城待遇

坚持城镇基本公共服务一步到位，进城落户居民在就

业、养老、医疗、教育、住房保障等享有同等城镇待遇。在社保方面，城乡居民养老保险和合作医疗保险实现一体化，在全国较早实现跨区域、跨险种的衔接。近年来全市养老、医疗保险参保率稳定在95%以上。在教育方面，坚持“两为主”（以输入地政府管理为主，以公办全日制中小学为主）、“两纳入”（纳入区域教育发展规划，纳入教育经费保障范围）原则，进城落户居民子女平等享受城市义务教育。在就业方面，结合进城落户居民实际情况，分类开展就业创业培训，予以就业创业扶持。在住房方面，进城落户居民、市内外农民工同等条件申请公租房，不受户籍限制。截至2019年底，市级公租房配租27.5万户，其中进城落户居民及农民工占51%。

四、深化产权改革，保障进城居民财产权益

积极推进集体资产量化确权试点，平稳推进集体经济组织成员身份确认，累计确认成员779万余人、量化资产94亿元。积极推进落户居民“三权”依法自愿有偿退出。累计受理13.6万户进城落户居民家庭的宅基地退出申请，以地票交易方式变现农村房产，可实现收益120亿元。建立健全农村产权流转市场体系，全市31个区县设立农村产权流转交易平台。出台实施《重庆市地票管理办法》《重庆市农村产权流转交易管理办法》，规范组织交易活动。

五、完善“人地钱”挂钩机制，强化市民化要素支撑

着力发挥财政、土地等资源要素对市民化的引导作用，推动农业转移人口有序布局，提高市民化质量。建立财政转移支付同农业转移人口市民化挂钩机制，近年来市财政对中心城区、渝西片区的转移支付年均增长9%。出台“人地挂钩”规划计划管理机制，差异化配置城镇建设用地规划空间指标。累计为渝西片区增配建设用地20平方公里。建立劳动力转移对口联系、公共政策激励机制，加强区域合作，推动优势资源互补，促进进城落户人口总量平稳增长、落户区域合理分布。

六、创新人口管理，推动基本公共服务全覆盖

系统推进统一城乡户口登记，梳理与原户口性质挂钩的福利政策33项，稳妥推动“脱钩”和城乡基本公共服务“并轨”。全面实施居住证管理制度。出台《重庆市居住证实施办法》，赋予持证人享有社会共治、社保共享、教育均等、便利同等、救助同权等权利和便利事项，并建立了动态增长提供机制，截至2019年底，已签发居住证47万余张。

截至2018年底，全市已累计进城落户500余万人，户籍人口城镇化达到48.7%，常住人口城镇化率达到65.5%。进城落户居民总量、年龄、区域分布基本合理，

较好地满足城镇化及产业发展需要。同时，在优化制度设计、维护农民权益、推动城乡基本公共服务均等化、推动一体化要素市场发展、促进社会公平取得明显成效。

——《国家新型城镇化报告（2019）》，人民出版社 2020 年版

第二节

“19+2”城市群格局基本建立

党的十八大以来，各地区、各部门积极谋划城镇化发展新格局，城市群承载能力进一步增强，都市圈建设有序推开，中心城市集聚辐射能力程度进一步增强，中小城市发展提速，特色小镇规范发展机制逐步建立，城镇化空间格局持续优化。

一、城市群建设全面推进

（一）城市群规划全部出台

国家“十三五”规划《纲要》提出加快城市群建设，推动形成“19+2”城市群格局。近年来，国家发展改革委会同有关地方、部门和单位主动作为、科学规划、合理引导，京津冀协同发展、粤港澳大湾区建设、长三角一体化发展有序推进，初步走上高质量发展轨道；长江中游、中原、哈长、成渝、北部湾、关中平原、呼包鄂榆、兰州—西宁等跨省区城市群和山东半岛、黔中、山西中部、辽中南、天山北坡、滇中等省内城市群规划全面实施，城市群作为新型城镇化主体形态的轮廓更加清晰。在各方积极推动下，截至2018年底，19个城市群承载了我国78%左右的人口、贡献了近90%的国内生产总值，京津冀、长三角、珠三角、长江中游、成渝五大城市群，以约10%的国土面积集聚了全国40%左右的人口，创造了超过55%的国内生产总值，城市群已成为承载发展要素的主要空间形式，对经济持续健康发展的支撑作用不断增强。

（二）城市群协商机制建设取得突破

多个跨省区城市群以机制保障促进协同合作，着力实现机制建设一体化，为城市群可持续发展提供了长远体制保障。京津冀协同发展、长三角一体化发展、粤港澳大湾区建设均由国务院成立领导小组和多个专项小组，常设领导小组办公室，形成强有力的组织保障。京津冀、长三角、粤港澳相关省（市）联合编制年度工作要点、三年行动计划等，明确任务书、时间表和路线图，实现了目标任务协同。依托跨省合作基础，长江中游、北部湾城市群建立了省际多级协商合作机制和轮值制度，发布了合作重点事项或年度重点工作。关中平原城市群3省12市2区发表了着力提升发展协同性的“关中宣言”。兰州—西宁城市群正积极推动建立省际协作机制。中原城市群初步建立了5省发展改革部门省际会商机制。成渝地区双城经济圈共同制定实施年度工作要点，签署了一批合作专项协议。

>> 专栏 3-4

关中平原城市群培育发展案例

一、深入推进《关中平原城市群发展规划》实施

印发《2019年推进关中平原城市群建设行动计划》，包含交通互联、产业互动、资源开放、服务共享等七项具体计划，提出了重点项目工程清单，为加快关中平原城市群建设提供了支撑。积极推进建立跨省协作机制，学习借鉴长三角城市群建设经验，设计了陕西、山西、甘肃三省联席会议方案，并经相关省政府协商一致。

二、聚力发展门户经济、枢纽经济、流动经济

建立常务副省长任组长的全省“三个经济”发展工作领导小组，印发《关于大力发展“三个经济” 推动构建内陆改革开放新高地的意见》和2019年工作要点。加快“米”字形高铁网、西安城市轨道交通、西安咸阳国际机场三期等重点工程建设，深化自贸试验区改革，推

进西安临空经济示范区和跨境电商综合试验区建设。推动各类生产要素和创新要素优化配置，深化国际产能、科教文化等领域合作，加快推进“一带一路”重点境外园区建设。

三、发挥大西安龙头作用

制定省委、省政府支持西安建设国家中心城市的指导意见，加快西安国家中心城市建设，西安市修编完成大西安综合交通规划，咸阳国际机场旅客吞吐量居全国第七位、国际旅客增速和航空货邮增速位列第一，中欧班列“长安号”实际开行突破 2 000 列。中国科学院西安科学园加快建设，国家增材制造创新中心揭牌，中国西部科技创新港建成投运，军民融合企业超过 1 000 家。

四、推进重点区域一体化发展

加快西咸一体化发展，推动西安、咸阳、西咸新区在国土空间、生态治理、综合交通、产业发展、市政设施、商业网点等各类规划建设有效对标、无缝衔接。支持富阎一体化发展，以军民融合为重点，推动西安产业、军工、科教等优势资源向富阎板块布局。启动韩城 – 河津一体化发展，成立两市战略合作领导小组，编制实施《韩河工业园新型合金材料产业发展规划》，共同推进韩城 – 万荣跨黄河大桥、黄河航道建设等 15 个合作事项。

五、推进城市群创新发展

实施“一市一策”和区域创新能力引导计划，通过梳理6市2区主导产业和可培育增长点产业清单，进一步优化产业发展布局。深入实施“1155”工程，推动科技资源开放共享。强化关中高新带统筹集成功能，探索“核心区＋托管区”的合作模式，大力发展飞地经济，推动省、市、县、高新区四级联动和各高新区协同发展。

——陕西省发展改革委和西安市发展改革委提供

（三）重点领域一体化水平显著提升

各城市群内部在基础设施、统一市场、产业发展、生态环境、公共服务等各方需求最集中的领域，加大合作力度，提升合作水平，着力推动重点领域一体化。构建畅通便捷的交通体系，长三角推进交通运输一体化，杭州、南京、合肥到上海的时间分别缩短至1、2、3小时；中原城市群编制实施《城际轨道交通网规划修编方案（2017—2030年）》，郑州至晋城、焦作至晋城省际公交班线正式开通运行。积极建设统一有序大市场，京津冀通关一体化改革成效显著，通关时间平均缩短41天；珠三角行政审批事项网上办结率超60%，9市全面接入广东省网上办事大厅手机版。稳步提高产业协作程度，成渝城市群汽车零配件产业链条正逐步完善，四川广安市为重庆工业配套的企业涉及 8 个行业 251 户。积极开展生态环境联防联控联治，京津冀、长三角、长江中游、成渝、北部湾等城市群建立大气污染联防联控机制以及跨境水域污染综合整治协作机制；中原城市群实施太行山绿化、伏牛山生态建设、桐柏 – 大别山生态建设等工程，推进南水北调中线工程高标准防护林、黄河明清故道生态走廊、沿淮生态保育带建设。有序提升公共服务共享水平，京津冀率先取消手机长途及漫游费，北京、天津与河北 11 个设区市市区实现城区公交、地铁一卡通行；珠三角区域全面实现异地就医直接结算。北部湾三省区就医实现“一卡通”，参保人员信息实现互联共享。

>> 专栏 3–5

中原城市群培育发展案例

一、着力推进郑州国家中心城市建设

贯彻落实国家《关于支持郑州建设国家中心城市的指导意见》，高高扬起郑州建设国家中心城市的龙头，充分发挥引领、辐射、带动作用，打造中原城市群发展核心增长极，带动全省加快发展。郑州机场三期工程加

快推进，郑州市轨道交通三期建设规划获批，地铁运营里程增至141.5公里，2019年数字经济峰会、中国（河南）开放创新暨跨境技术转移大会等成功举办，国家超级计算郑州中心正式获批。

二、着力谋划建设郑州大都市区

一是加强空间规划引导约束。编制实施《郑州大都市区空间规划（2018—2035年）》，明确大都市区空间发展战略和生态、产业、城镇、基础设施等空间布局，确定了郑州大都市区“一核四轴三带多点”的网络化、组团式、集约型区域空间格局。二是建立郑州大都市区建设推进机制。印发实施了郑州大都市区年度建设工作要点、重大项目、重点产业带建设、近期行动计划、空间大数据及可视化规划管理系统建设“5张清单”，建立了郑州大都市区建设年度工作推进会议机制和重大工程项目、重点合作事项落实情况定期报送机制。三是建立郑州大都市区规划编制报批机制。印发通知，明确了中原城市群城际一体化规划编制报批机制的适用范围、适用对象，建立了省级统筹、地市主体的规划编制和报批工作机制。编制实施《郑许一体化发展规划（2019—2035年）》《郑新一体化发展规划（2019—2035年）》。

三、着力提升洛阳副中心城市功能

启动洛阳都市圈规划研究，制定洛阳中原城市群副中心城市建设行动方案，加快提升洛阳辐射带动能力。支持洛阳扩大科技创新、先进制造、文化旅游等方面优势，加快高铁龙门站综合交通枢纽、洛阳石化1 800万吨/年炼油结构调整项目一期工程、隋唐洛阳城国家历史文化公园等项目建设，推动二里头夏都遗址博物馆正式开馆，河南西部（洛阳－平顶山）成功申建全国第二批产业转型升级示范区。

四、着力推进一体化重大工程建设

一是积极推进交通互联互通。郑万、郑阜、商合杭高铁河南段通车运营，郑机城际铁路开行车次加密至半小时一班，官渡黄河大桥、G234焦作至荥阳黄河大桥等重点交通工程建成通车，与周边省份共同推进公路省际通道建设行动计划加快实施。二是积极培育产业集群。郑州下一代信息网络、郑州信息技术服务、平顶山新型功能材料、许昌节能环保等4个产业集群入选首批国家战略性新兴产业集群发展工程，以郑州航空港经济综合实验区为主的智能终端生产基地加快建设。三是加快生态网络共建。持续实施太行山绿化、伏牛山生态建设、桐柏－大别山生态建设等工程，加快推进南水北调中线工程高标准防护林、黄河明清故道生态走廊、沿淮生态保育带建设。

——河南省发展改革委和郑州市发展改革委提供

二、都市圈发展方兴未艾

（一）都市圈建设步伐明显提速

2019 年 2 月，经国务院同意，国家发展改革委印发《关于培育发展现代化都市圈的指导意见》（以下简称《指导意见》），明确在城市群内以超大特大城市或辐射带动功能强的大城市为中心、以 1 小时通勤圈为基本范围，培育发展都市圈。《指导意见》印发以来，有关部门强化指导，有关地方积极推动，安徽、江西、河南、宁夏等省区已分别出台合肥、南昌、郑州、银川等都市圈规划、行动计划、实施方案，福建、四川、陕西等省正在推进福州、成都、西安等都市圈规划编制，浙江、广东等省谋划构建省内都市圈体系，南京、成都分别推动建立了周边城市共同参加的都市圈党政领导联席会议或同城化领导小组等专门机制。有关研究机构通过大数据识别出的都市圈，以 4.5% 的国土面积承载了约 32.1% 的常住人口，创造了约 51.6% 的地区生产总值，经济密度和效率突出，发挥了支撑国民经济和社会发展的重要作用。都市圈正在成为中心城市发挥辐射带动作用、破解“大城市病”的有效抓手，提高城市群综合承载和资源优化配置能力、促进城乡区域协调发展的有力支点。

>> 专栏 3-6

南京都市圈建立健全合作发展新体制

一、完善协商合作机制

强化政府引导，都市圈决策层（都市圈党政领导联席会议）、协调层（市长联席会议）、执行层（秘书处和区县政府）三级协调机制稳定运行，综合协调、基础设施、产业发展、社会事业、城乡规划和跨界地区协调等5大类17个专业委员会持续推动多领域合作，2018年都市圈党政领导联席会议审议通过《南京都市圈一体化高质量发展行动计划》。坚持市场主导，相继成立都市圈智能制造发展联盟、城市广电协作联盟、新媒体联盟、公共博物馆合作联盟、物流标准化联盟、律师协会、城市印刷行业协会，引导社会各界参与都市圈建设。争取高位协调，规划建设南京都市圈纳入苏皖协同推动长三角一体化发展工作重大事项。

二、健全规划协调机制

在国家发展改革委、江苏和安徽两省发展改革委的指导下，共同编制实施《南京都市圈发展规划》。近年来已编制实施《南京都市圈综合交通协调规划》《南京都市圈现代农业发展规划》《南京都市圈产业发展规划》《南京都市圈城乡空间协同规划》，编制完成仙林—宝华等13个跨界新城新市镇总体规划和地区协调规划，以区域规划为总揽、专项规划为支撑、地区协调规划为重点的都市圈规划体系更加完善，规划指导性、引领性进一步显现。

三、构建政策协同机制

2019年首次组织召开都市圈城市人大常委会主任协商联席会议、城市政协主席联席会议，分别通过支持和保障都市圈共建长三角一体化高质量发展合作示范区的决定、建立都市圈城市政协联动机制的协议。近年来各城市互签打通城际“断头路”、住房联动发展、交通基础设施等8个合作协议，各专业委员会签订科技创新、产业合作等6个专项合作协议，进一步消除政策差异、深化合作发展。

四、建立圈带联动机制

深化与上海都市圈、杭州都市圈、合肥都市圈创新合作，首次组织召开宁杭生态经济带建设论坛、签订《共建宁杭生态经济带行动倡议》，引导南京溧水区、高淳区与杭州余杭区、桐庐县互签战略合作协议，为深化实施长三角一体化发展国家战略发挥积极作用。

——江苏省发展改革委和南京市发展改革委提供

》专栏 3-7

厦漳泉都市圈培育发展案例

一、以轨道和快速路为骨架的 1 小时通勤圈基本形成

基础设施互联互通是都市圈协同发展的基础。经过多年努力，厦漳泉跨市域“断头路”多数已经打通，仅剩的一些如厦门翔安南路与泉州贤林大道也即将于近期接通。城际快速通道不断完善，厦漳同城大道即将通车，两市主城区行车时间将从 50 分钟大幅缩短到 30 分钟以内。厦漳泉城际轨道 R1 线、厦漳城际轨道 R3 线前期工作启动，厦门轨道交通 3、6、8 号线均预留与漳州、泉州衔接空间，6 号线延伸段漳州境内全长 9.2 公里，已完成可研修编。漳州龙海客运站至厦门轮渡加密至 30 分钟一班，成为“海上公交”。开通厦门至漳州角美、厦门同安至泉州安溪公交线路 7 条，区域公共交通实现一卡互通。厦漳大桥通行费对小客车采取与通行频次相关的优惠计费方式，月通行 20 次以上的高频车辆降费比例达 40%。物流方面，厦门前场铁路大型货场开通运营，免除中欧（厦门）班列 200 公里内集货费用。

二、中心 – 外围式的产业分工格局初步显现

产业的合理布局和分工是都市圈协同发展的重点。一

是中心城市加快向生产性服务业转型。厦门岛内积极推动“腾笼换鸟”，湖里区原华美卷烟厂地块更新升级为1980创意设计小镇，集聚了大量高增长型创新企业，2017年实现产值27亿元；金龙客车等企业在总部和研发部门留在厦门的同时，生产基地逐步向成本更低的漳州等周边地区转移。二是周边城市加快先进制造业集聚。漳州漳浦积极承接都市圈内的石化产业下游项目、打造石化园区，龙海积极承接厦门金龙新能源客车项目、打造汽车产业基地。泉州南安加快“芯谷”建设、打造化合物半导体产业基地，石狮着力推动传统纺织业延伸产业链，晋江着力打造存储器及集成电路制造集群。三是探索开展园区共建。厦门与泉州共建厦门（安溪）经济合作区，与漳州共建云霄回乡创业园；漳州台商投资区与厦门海沧共同打造海西生物医药产业谷等。

三、公共服务同城共享取得实质性进展

三市医学影像和检查结果实现互认，诊疗信息一卡互通，医疗保险目录和定点机构衔接一致，住院和门诊均实现同城化即时结算，厦门非本市户籍就医人数占比超过50%。三市20家医疗单位依托复旦大学附属儿科医院成立厦漳泉儿科医联体，并建立远程医学平台。厦门大学在漳州创办嘉庚学院，厦门双十中学、外国语学校等分别在漳州台商投资区、泉州石狮等开办分校。漳州允许交界地

区乡镇居民子女义务教育阶段根据实际情况跨区域就近入学。三市公共图书馆开展文献交换，各类展会、赛事等合作频繁。同城化应急管理平台建成，突发公共卫生事件协同处置和重大传染病联防联控机制不断完善，交接断面水质、水量监测和信息通报机制不断健全。

四、以消除壁垒为目标的一体化市场建设持续推进

依托华为漳州云计算数据中心，统一建设闽西南电子政务大数据中心和网上办事大厅系统，探索行政审批事项信息共享、异地办理。厦漳泉科技基础资源服务平台建立，重点产业专利数字化服务对都市圈内 IP 开放注册，科学仪器设备资源协作共享平台运作良好。完成同城化人力资源信息发布平台和公共职介网建设，人力资源市场一体化加快。推动区域内金融机构互设，三市质量技术标准体系一体化基本实现。共同编制厦漳泉旅游图，推出同城化旅游线路。2015 年 10 月，三市通话资费实现同城化。

——福建省发展改革委提供

（二）都市圈同城化发展成效显著

城市间合作领域不断拓展和深入，积极推动都市圈同城化建设，取得了初步成效。便捷通勤网络加快构建，中心城市轨道交通加快

向周边城镇延伸，城际铁路和市域（郊）铁路加快建设，城际公交进一步加密，广州市与佛山市建成和在建跨市地铁线 3 条，福（州）莆（田）宁（德）城际铁路和南京至句容、至滁州城际铁路开工，西安、咸阳两市间开通公交线路 79 条。产业分工协作逐步深化，中心城市产业有序向周边市镇转移，产业园区共建加快探索，武汉市 1 300 家服务企业入驻孝感市汉川市，厦门泉州（安溪）经济合作区、郑（州）开（封）双创走廊等加快建设。公共资源共享水平明显提升，教育资源共享持续推进，医疗资源共享进程加快，沈阳都市圈 11 所优质普通高中实现跨市招生，南京都市圈统一预约挂号服务平台提供 147 个医院挂号服务，实现医学检验检查报告异地查询。跨界治理协作加快探索，嘉兴市南湖区和苏州市吴江区实现 24 小时异地政务通办，武汉市与鄂州市、广州市与佛山市基本实现金融兑付同城清算，长株潭实现“通信同号、金融同城、交通同网、能源同体、环境同治”。

>> 专栏 3-8

广州、佛山同城化扎实推进

一、建立健全广佛同城化工作机制

为顺利推进广佛同城化建设，推动建立了多层面、执行效果良好的一体化工作机制。一是成立由两市书记和市长组成的四人领导小组，负责特别重大事项的决策和协调。二是建立两市市长为总召集人的市长联席会议制度，两市相关部门主要负责人为成员，负责审议重要文件、规划，检查、部署同城化建设工作，市长联席会议办公室设在两市发展改革部门。三是形成分管副市长工作协调会议制度，主要协调解决某些具体的工作事项。四是成立专责小组，包括规划、交通、产业、环保、通信、金融专责小组，负责相关领域工作的衔接。

二、不断完善广佛同城化规划体系

坚持规划引领，建立健全同城化规划体系。一是将广佛同城化明确写入两市一系列重大规划。由国务院批准的广州市城市总体规划、佛山市城市总体规划均将广佛同城化作为重要战略予以纳入，两市“十三五”规划更将广佛同城化单独成节，明确发展任务。二是广佛同城化“1+4”规划［即《广佛同城化发展规划（2009—2020年）》及城市规划、交通、产业、环保4个专项规划］印发实施，是珠三角首个跨区域综合规划。广佛同城化“十三五”发展规划于2017年9月印发实施。三是2009—2012年先后完成广州南站、金沙洲、芳村—桂城、五沙、花都空港等全部5个广佛重点交界地区的规划整合工作，2017年完成广佛新城（五眼桥－滘口片区）的规划整合及城市设计，有力促进了交界地区先行同城化。层次清晰、领域广泛、执行有力的广佛同城化规划体系基本搭建完成。

三、以具体合作项目为抓手务实推进广佛同城化

从国内区域合作实践来看，如果仅仅是签几个协议、开几次会议，没有一批实实在在的项目作为支撑，合作最终会流于形式。鉴于此，自2009年以来，广州市每年均会同佛山市牵头制订同城化建设年度工作计划，广泛覆盖规划机制衔接、基础设施对接、产业协作、环境共保共治、公共服务一体化等经济社会发展的方方面面，每个项目均明确目标任务、进度要求、责任单位等，由于建立了严格的检查和督办机制，历年计划的总体执行情况良好。在与国内其他城市的交流学习中，编制年度计划的做法得到广泛认同和借鉴。

四、推动广佛同城化合作示范区建设

随着广佛同城化的不断深入，两市相邻区主动开展区级之间同城化的要求不断增强。2015年8月、10月，在两市政府主要领导的见证下，广州市荔湾区、花都区、番禺区与佛山市南海区、顺德区、三水区分别结对签署广佛同城化合作示范区共建协议，并建立了工作推进和协调机制，2018年、2019年，南沙区和顺德区，白云区和南海区也先后成立了同城化合作示范区。市区两级联动推进同

城化的格局已经形成，交界区先行同城化不断提速。2018年底两市签署了新一轮合作协议，并决定在交界地区共建广佛高质量发展融合试验区，着力将试验区打造成同城化全面提升的示范区域和标志性项目，集中呈现广佛合作特色和成果。

——广东省发展改革委、广州市发展改革委、佛山市发展改革委提供

三、中心城市成为经济增长重要引擎

（一）中心城市发展定位进一步明确

《国家新型城镇化规划（2014—2020年）》明确提出，直辖市、省会城市、计划单列市和重要节点城市等中心城市是我国城镇化发展的重要支撑，并对增强中心城市辐射带动作用特别是沿海中心城市、内陆中心城市、区域重要节点城市等发展提出了明确要求。结合城市总体规划和重大区域战略规划、国家级区域规划和城市群规划编制，先后明确了30多个中心城市的发展定位和建设任务，并提出了有关支持政策。2016—2017年，国务院先后批复《成渝城市群发展规划》《促进中部地区崛起“十三五”规划》《关中平原城市群发展规划》，国家发展改革委印发《关于支持郑州建设国家

中心城市的指导意见》《关于支持武汉建设国家中心城市的指导意见》，支持重庆、成都、武汉、郑州、西安建设国家中心城市。

（二）中心城市龙头作用进一步发挥

近年来，各地有序推进国家中心城市建设，城市发展质量和辐射能力稳步提升。重庆、成都两个国家中心城市建设快速推进，成渝地区发展成为西部综合实力和发展活力最强的地区，2020年1月，习近平总书记主持召开中央财经委第六次会议，作出推动成渝地区双城经济圈建设的重大决策部署，重庆、成都在国家区域经济布局中的战略地位进一步提升，迎来了发展黄金机遇期。河南省印发《关于支持郑州建设国家中心城市的若干意见》，郑州“三中心一枢纽一门户”功能持续提升，华为、阿里、海康威视等一大批行业领军企业落地。西安制定《贯彻落实“追赶超越”定位加快国家中心城市建设行动方案（2019）》，在建设“一带一路”综合试验区，打造全球硬科技之都、新能源汽车之都，国家制造业创新中心建设等方面迈出实质性步伐。西安市、郑州市全域常住人口突破千万，中心城市集聚程度进一步提高。

（三）中心城市间合作对接进一步加强

长江中游城市群省会城市连续召开六届会商会，签署了《长江中游城市群省会城市合作行动计划（2017—2020年）》，基本形成省会城市“决策 - 协调 - 执行”的合作框架体系；建立了注册登记数据共享机制，实现驰名商标、地理标志、省著名商标、市著名商标名录等对接互换，实现住房公积金互认互贷和转移接续、指定医院异地就医直接结算、退休人员异地年审互认。重庆、成都两地加快相向发展，成都提出并大力实施“东进”战略，积极推动龙泉山东侧的简阳、简州、淮州、空港四大新城开发，重庆着力推进主城“西扩”，将渝西片区全部纳入主城都市区范围，璧山、永川、荣昌、潼南等渝西片区区县成为重庆工业化城镇化最活跃的地区。哈长城市群两个省会城市在统一规划编制、基础设施共建、公共服务共享等方面进行对接，探索建立哈长一体化发展示范区。

四、中小城市发展提速

（一）具备条件的县和特大镇有序设市，中小城市数量稳步提升

撤县设市稳步推进，着力探索设市模式。2016 年国务院批准《设立县级市标准》《设立县级市申报审核程序》，设市工作有序重启，中小城市数量有所增加，城市结构规模不合理状况明显改善。以下放事权、扩大财权、改革人事权及强化用地指标保障为重点，深入推进经济发达镇行政管理体制改革，经济发达镇行政管理体制改革不断深化，一些特大镇扩权赋能取得进展。乡镇街道精简优化调整工作有序开展，各省（区、市）因地制宜制定

设镇设街道标准，四川省以精简数量、提高质量为目标全面推进乡镇行政区划调整工作。2019 年，经党中央、国务院批准，浙江省苍南县龙港镇撤镇设立县级市，并实行“大部制、扁平化、低成本、高效率”的新型设市模式；全国有 10 个县撤县设市，并新设立县级胡杨河市。

（二）扎实开展中小城市综合改革探索，中小城市活力充分激发

为破解中小城市改革发展面临的突出矛盾和问题，着力构建促进中小城市健康发展的体制机制，国家发展改革委于 2015—2018 年组织开展了为期三年的中小城市综合改革试点，共批复全国 61 个地区开展中小城市综合改革试点，并于 2018 年总结发布了 19 个试点地区的 27 项改革试点典型经验案例。各地区围绕增强中小城市资源聚集能力、人口吸纳能力和综合承载能力，立足破解中小城市改革发展面临的突出矛盾和问题，在创新产业和城市融合发展机制、优化营商环境、创新多元化投融资机制、健全要素流动机制、推进城市管理体制改革等方面，取得了一系列改革创新成果，探索出了一系列可复制、可推广的经验，中小城市发展质量显著提升。

五、特色小镇发展进一步规范

（一）坚持规范纠偏，规范发展机制不断完善

针对近年来特色小镇建设中存在的“数量过多、名不副实”“概念不清、鱼龙混杂”“质量不高、特色不显”等问题，在持续跟踪和广泛实地调研基础上，国家发展改革委会同有关部门于2017年、2018年印发《关于规范推进特色小镇和特色小城镇建设的若干意见》《关于建立特色小镇和特色小城镇高质量发展机制的通知》两份纠偏性文件，提出28条规范管理措施。组织各地区各有关部门进行拉网式排查，赴5个省11个城市开展现场查验整改，推动淘汰了一批行政建制镇、虚假小镇、虚拟小镇，整改了一批特色不显、质量不高的问题小镇。各地纷纷制定落实性文件，调整工作推进方式和规范管理措施。河北、辽宁等省份将推进方式从“命名制”转为“创建制”。天津、福建等省份强化监测监管和指导引导，动态进行拉网式排查整改，发布特色小镇发展导则。大部分省份更加注重市场化运作，并将政策工具从事前支持转向事中事后弹性奖补，形成以企业投入为主、以政府有效投资为辅的特色小镇投资运营模式。初步建立特色小镇规范纠偏、典型引路和服务支撑机制，2019年，在各类特色小镇创建名单中淘汰整改了错用概念或质量不高的897个“问题小镇”。2020年6月，国家发展改革委办公厅印发《关

于公布特色小镇典型经验和警示案例的通知》，持续推动典型示范和规范纠偏，进一步引导特色小镇规范健康发展。

（二）加强典型引路，发展质量效益更加突出

2016年10月，国家发展改革委印发《关于加快美丽特色小（城）镇建设的指导意见》，对特色小镇和特色小城镇的概念进行了校正，从分类施策、突出特色、创新创业、完善功能、提升质量、绿色引领、主体多元、城乡联动、创新机制等9个方面提出了发展路径。强化典型经验的正面引导作用，持续挖掘彰显特色、模式先进、经验普适的精品特色小镇。2019年在浙江召开全国特色小镇现场会，推广来自16个精品特色小镇的“第一轮全国特色小镇典型经验”，促进特色小镇和特色小城镇走上科学、理性、有序发展轨道。2018年以来，各地区探索符合自身实际的特色小镇发展路径，从“抓数量”转向“抓质量”，涌现出一批产业特而强、功能聚而合、形态小而美、机制新而活的精品特色小镇。2018年浙江省级特色小镇以占全省1.5%的建设用地，贡献了全省14%的产值增长、10%的税收增长，年产值超过100亿元、年税收超过10亿元的特色小镇数量分别达20个和11个；江西特色小镇总产值达1 300亿元左右。

第三节

城市发展理念和发展方式加快转变

党的十八大以来，“以人民为中心推进城市建设”的理念广泛传播，我国城市发展动力不断增强，城市综合承载能力持续提升，城市生态环境和文化面貌不断改善，城市治理水平不断提高，城市发展方式发生明显转变。

一、城市经济转型升级步伐稳健

（一）城市作为产业发展载体和创新高地的作用日益增强

《2019 年全球创新指数》显示我国排在第 14 位，位居中等收入经济体第一名。2019 年全国高技术产业增加值同比增长 8.8%，长三角、珠三角、京津冀等地区初步形成人工智能发展核心区，创新驱动发展战略实施成效显著，对城市产业转型升级提供了有力支撑。以北京、上海、深圳、广州为代表的创新型城市跻身全球顶尖竞争力的城市行列，成都、南京、杭州、武汉、天津、重庆、苏州、宁波、西安、青岛等一大批创新型城市成为我国参与国际竞争的重要门户城市。

（二）城市差异化竞争优势逐步形成

各城市根据自身科技基础、资源禀赋、产业特征、区位优势和发展水平等条件，探索适合自身的创新驱动发展模式，初步形成差异化竞争优势。北京、上海、南京、广州、武汉、西安、合肥等城市，充分发挥科教资源富集优势，积极承接国家重大科技改革和发展任务，不断强化基础研究和关键核心技术突破，积极谋划发展量子通信、人工智能、区块链、3D 打印、物联网、基因测序（精准医疗）、高端机器人等一批未来产业，走供给推动型创新发展道路。深圳、杭州、苏州、无锡、常州、宁波等城市，充分发挥市场活跃度较高、产业基础较好的优势，积极对接科教资源富集地区的科技成果，不断强化产学研深度融合和产业技术创新，大力培育高新技术企业和战略性新兴产业，走需求拉动型创新发展道路。大连、沈阳、太原、湖州、马鞍山、徐州、洛阳等城市，充分发挥能源矿产资源丰富、工业基础雄厚的优势，不断优化营商环境，加大科技成果转移转化力度，发展新技术、新业态、新模式，促进传统制造业升级改造，加快发展现代农业，走科技支撑产业升级型创新发展道路。贵阳、乌鲁木齐、银川、西宁、拉萨等城市，充分利用区域联动和对口支援等机制增加科技创新力量，加快科技成果在生态保护、特色产业发展、人民健康福祉方面的推广应用，走东西科技合作型创新发展道路。

>> 专栏 3-9

北京、上海、粤港澳大湾区三大科技创新中心初步形成创新型国家的三大核心支柱和高质量发展动力源

北京市以“三城一区”为主平台，强化原始创新，推进核心技术攻关，大力发展“高精尖”产业，2018 年研发经费投入强度和每万人发明专利拥有量稳居全国之首，国家进步科技奖和技术市场合同成交额占全国 1/3 左右，独角兽企业占全国近一半，战略性新兴产业增加值对工业增长的贡献率超过一半。

上海市系统推进全面创新改革试验，大力建设上海张江综合性国家科学中心和关键共性技术研发和转化平台，截至 2018 年建成和在建的国家重大科技基础设施数量、投资金额领先全国，在“核高基”、集成电路装备、大飞机等领域取得一系列突破，刻蚀机、光刻机等战略产品已

达到或接近国际先进水平。

粤港澳大湾区积极构建开放型区域协同创新共同体，打造高水平科技创新载体，优化区域创新环境，截至2018年底，粤港澳大湾区拥有高新技术企业数量超过3万家，位居全国第一，“广州－深圳－香港－澳门”科技创新走廊加速形成，电子信息、汽车、智能家电、机器人等世界级产业集群初步形成。

——《国家新型城镇化报告（2019）》，人民出版社2020年版

二、城市综合承载能力持续提升

（一）市政公用设施供给保障能力持续增强

2019年，新建改造污水管网3万多公里，消除污水管网空白区1 000多平方公里。截至2019年底，城市用水普及率、燃气普及率、污水处理率分别达98.24%、96.82%、95.56%；全国城市供水综合生产能力增至32 142万立方米/日，同比增长2.98%；用气人口增至50 844万人，同比增长2.79%；供排水地下管道长度增至162万公里，增加7万公里。城市排水防涝设施和黑臭水体整治进展较大，地级及以上城市消除黑臭水体2 513个，消除比例提高到86.7%。

（二）交通和通信设施不断完善

2019 年，新增城市轨道交通运营里程 900 公里左右；城市道路总里程 44.34 万公里，年增长 2.59%。信息基础设施水平不断提升，90% 的地级及以上城市建立了城市管理信息化平台，光网城市全面建成，光纤用户占比提高到 92.5%。新型智慧城市建设再上台阶，在 80 个城市开展“互联网 + 政务服务”信息惠民试点，新启动 7 个智慧城市时空大数据平台建设试点，在自然资源、城管、交通、水利、环保等领域的数据融通和示范应用不断加强。

（三）城市更新有序推进

以老旧小区、老旧街区、老旧厂区和城中村改造为主要内容的城市更新有序推进，有力地促进了城市“失落空间”复苏、城市功能品质提升。在老旧小区改造方面，累计安排中央预算内投资保障性安居工程专项资金 6 864 亿元，其中，2019 年安排 250 亿元支持改造 1.9 万个老旧小区，群众居住条件和生活环境得到切实改善。在老旧厂区改造方面，近 3 年累计安排中央预算内投资城区老工业区搬迁改造专项、产业转型升级示范区和重点园区建设专项资金约 20 亿元，支持约 60 个老旧厂区就地改造项目，推动“工业锈带”改造为“生活秀带”、双创空间、新型产业空间或文化旅游场地。在老旧街区、城中村改造方面，各地进行了一些积极探索。比如，南京夫子庙和老门东等特色街区通过规划调整、功能变换、产权转移等措施，注入文化传承、购物消费、休闲旅游等功能，年营业收入超过 100 亿元。深圳编制城中村综合整治规划，建立政府、村集体、村民三方共享的城中村改造利益分配机制，缓解城中村土地“农民用不好、企业用不了、政府收不回”难题。

>> 专栏 3-10

青岛市着力提升综合承载能力

青岛市通过完善交通设施、市政基础设施和公共服务设施配套，推动新型城镇建设，不断提升城市综合承载能力。

一、稳步推进交通设施建设

胶东国际机场进展顺利，配套交通体系建设全面启动。济青高铁、青连铁路、董家口疏港铁路开通运营，济青高速改扩建、新机场高速一期等工程加快推进，潍莱高铁全面开工建设。加快构筑以高速公路、国道和省道为干线、农村公路为补充的市域交通网络体系。加快推进城市轨道交通设施建设，累计建成 3 号线、2 号线一期东段、11 号线、13 号线，共计 4 条线路，运营里程 172 公里，轨道交通骨干线路网络初步搭建。落实公共交通引领城市发展理念，以建设人民满意交通为目标，加快公交都市创建，推动城市公共交通统筹发展、均衡发展、普惠发展，加快确立公共交通在城市交通体系中的主体地位。完善道路规划，疏通城市“筋骨脉络”。优化快速路布局，提升主干道连通性，完善支路系统，提高街区路网密度，构建健康城市交通循环系统。加快停车设施建设，完成 92 处停车场建设改造新增公共停车场泊位 12 779 个。推动全市智能停车一体化平台建设，累计接入停车场 224 处、泊位 8.58 万个，引导开放共享车位近万个。

二、增强市政基础设施承载

完成张村河水质净化厂建设、世园会水质净化厂配套泵站及压力管道建设，西海岸新区静脉产业园垃圾综合处理项目、莱西市垃圾综合处理项目正在积极推进建设。新建燃气管网 268 公里，新增燃气用户 11.38 万户；新增城市集中供热配套项目 400 万平方米。新改建公厕 303 座。

三、完善公共服务设施配套

坚持以人为本，引导民众参与，推动城乡基本公共服务均等化，提升城市宜居性，建设市民美好家园。提高公服设施精细化水平，惠及市民生活。试行基础上正式发布《青岛市市区公共服务设施配套标准及规划导则》《青岛市城乡规划管理技术规定》，提升公共服务标准和水平，优化教育、医疗、文化、养老等公服设施布局，促进“15分钟”社区生活圈及滨海、山地活动圈建设。加快推进重点公共服务项目建设，市民健康中心、老年活动中心、社会福利院等31个民生领域的市级重点公共服务项目按计划推进。

——《国家新型城镇化报告（2018）》，中国计划出版社2019年版

三、城市生态环境和文化面貌不断改善

（一）绿色城市建设扎实推进

生态绿地系统不断完善，城市品质持续提升。截至2019年底，建成区绿地面积227万公顷，年增长3.28%；“2+26”城市[1]全部纳入中央财政支持北方地区冬季清洁取暖试点范围，新增清洁取暖面积超过15亿平方米。共有272个地级以上城市启动生活垃圾分类工作，46个重点城市生活垃圾分类居民小区覆盖率平均达

[1] “2+26”城市是指京津冀大气污染传输通道城市，包括北京市，天津市，河北省石家庄、唐山、廊坊、保定、沧州、衡水、邢台、邯郸市，山西省太原、阳泉、长治、晋城市，山东省济南、淄博、济宁、德州、聊城、滨州、菏泽市，河南省郑州、开封、安阳、鹤壁、新乡、焦作、濮阳市（含河北雄安新区、辛集市、定州市，河南巩义市、兰考县、滑县、长垣市、郑州航空港区）。

67.8%。节水型城市建设取得成效，城市用水效率不断提高，截至2019年底，全国85.1%的地级及以上缺水城市达到国家节水型城市要求。

（二）人文城市建设逐步深入

城市特色文化和旅游产业发展提速，一些城市积极修复老城历史肌理，使城市文化面貌重焕生机。北京市严格管控历史风貌，推动中轴线申遗保护，用好老砖老瓦老物件对四合院、名人故居等修旧如旧，形成一批历史文化街区样板。扬州市遵循“保护与利用、改造与复兴”的总体方针和“护其貌、美其颜、扬其韵、铸其魂”的保护思路，古城复兴成效明显。淮安市依托大运河文化带建设，强化旅游资源整合，塑造全域旅游格局，重点提升城、河一体化空间特色，强化历史城区、历史文化街区、历史地段、景区景点串联，集中展示历史文化名城风采和空间特色。

» 专栏 3–11

长沙市建设更高质量新型城市

一、以规划引领高质量新型城市建设

一是全域统筹。按照生态引领、城乡统筹、全域覆盖的原则，逐步构建市域、都市区、镇村等较为完善的规划成果体系，全面统筹利用资源，推动城市外延扩展与内涵提升相结合。二是整体管控。市域划定“三区三线”，优化生态、农业、城镇结构，划定生态保护红线、永久基本农田保护线和城镇开发边界，落实空间管控刚性要求。突出街区管控、城市设计，落实规划理念和约束性指标。三是多规合一。全面推进土地规划、空间规划、产业规划的深度融合，实现了五个“一”，即一套标准、一张蓝图、一个平台、一组机制、一套流程。

二、以产业支撑高质量新型城市建设

一是打造优质产业。市委、市政府强力推动22个新兴及优势产业链的发展。三一重工、山河智能、中联重科、铁建重工等行业龙头集聚发展，2018年全市工程机械产值达1 660亿元。智能制造迅速崛起，新一代人工智能、智能网联汽车、工业互联网、智慧城市等领域的企业落地发展，国家级智能制造试点示范企业（项目）达27个，居全国省会城市第一。现代服务业加快发展，2018年对经济增长的贡献率达58%。二是做强产业平台。全市5个国家级园区、9个省级园区呈现差异发展、齐头并进的良好局面。长沙市政府向园区下放市级审批权限28项，开展相对集中行政许可权改革试点，园区事园区办，充分释放园区活力。三是推进产城融合。坚持“以城促产、以产兴城”，大力发展科技研发、文化创意、现代金融、“互联网+”等产业，集中打造岳麓山国家大学科技城、湖南金融中心、马栏山视频文创产业园、长沙临空经济示范区、高铁会展新城、南部片区等六大城市重点片区。

三、以创新推动高质量新型城市建设

一是积极创新投融资机制。综合运用PPP、专项债等形式破解融资瓶颈，2018年向民间资本推介项目25个、总投资675亿元，保障了重大项目顺利推进。二是深化户籍制度改革。统一城乡户口登记制度，进一步简化户口迁移政策，重点解决外来务工经商人员和农业转移人口落户问题；推进义务教育、就业服务、基本养老、基本医疗卫生、公共文化、住房保障等城镇基本公共服务覆盖全部常住人口。近3年人口净流入年均超过20万人，位居全国前列。三是推进“人地挂钩”制度创新。建立城镇建设用地增加规模同吸纳农业转移人口落户数量挂钩机制，根据吸纳农业转移人口进城落户数量和取得居住证但未落户常住人口数量，合理确定新增建设用地规模，有效加速了农业转移人口就近市民化。

四、以品质助力高质量新型城市建设

致力打造宜居城市，连续11年获评中国最具幸福感

城市。一是着力夯实基础配套。成功创建国家公交都市示范城市。建成3条地铁、1条中低速磁浮、1条城际铁路。实施城区骨干路快速化改造，打通城区断头路、瓶颈路。全面实施“一圈两场三道”建设（15分钟生活圈，停车场、农贸市场，人行道、自行车道、历史文化步道）。不断推进教育、医疗卫生等配套水平提升和资源均衡配置。二是着力提升品质形象。严格落实“房子是用来住的，不是用来炒的”要求，保持较低房价，让广大市民买得起房。五年累计投入968亿元，完成棚户区改造12万户、1 582万平方米。三年投入直接工程资金20亿元，完成建成区24处黑臭水体整治任务。持续推进“蓝天保卫战”，全面治理环境问题。连续实施两轮造绿大行动，城区绿化水平全面提升，全市森林覆盖率达54.95%。长沙还是全国首批装配式建筑示范、地下综合管廊试点、城市双修试点城市。

——湖南省发展改革委和长沙市发展改革委提供

四、城市治理水平不断提升

（一）精细化治理机制基本建立

一是网格化治理机制初步建立，网格功能从单纯的管理向党建和公共服务延伸，形成了以基层党建网为引领，统筹社会管理网、公共服务网“三网合一”的新模型。上海市静安区临汾路街道各级党组织依托社区大脑联合指挥中心，将三级管理网格与20个居民区的党建网格有机融合。二是社区综合服务管理体系初步建成，一些城市通过搭建社区综合服务管理平台实现公共服务供给精细化。杭州市江干区通过整合共享、改腾提升、换购租赁、新建示范等路径，解决老旧小区公共服务设施不足问题。三是多元参与的基层治理模式初步形成，一些城市探索健全完善人人有责、人人尽责、人人享有的公众参与体制，鼓励和引导公众参与基层社会治理。成都市和美社区充分发挥社区规划众创组、居民议事会等平台作用，开办社区营造工作坊、社区伙伴计划、社区名人讲师堂，举办“和美公益服务周”等，提高居民参与度。

（二）智慧化治理模式初步形成

一是互联网驱动治理要素互联。一些城市积极探索，深入推进“互联网＋政务服务”，加强信息共享，优化政务流程，一批堵点难点问题得到初步解决，重庆市“渝快办”、福建省“一号式”、广东省“一窗式”、浙江省“最多跑一次”等引领政务服务创新改革取得新成效。二是大数据驱动治理模式创新。一些城市将大数据引入城市治理，利用数据驱动城市管理决策手段更加全面科学，治理模式得到不断创新。南昌市开发运行了“南昌市企业监管警示系统”，汇总监管信息 1 200 多万条，推动阳光执法和有效监管。三是人工智能驱动治理质量精准。人工智能技术及其应用可以整合城市的各种系统和服务，推动城市治理向纵深方向发展。浙江杭州、衢州引进 AI 机器人助力“最多跑一次”业务，办事群众满意率高达 94.7%；杭州城市大脑通过人工智能调度城市交通有效提升出行效率，在全国最拥堵城市的排行榜上，杭州排名从 2016 年的第 5 名下降到 2018 年的第 57 名。四是移动通信驱动治理效果提升。5G 具有广连接，大带宽、低时延，高可靠等特性，为城市治理提供了更多可能性。五是区块链驱动治理结构优化。区块链通过新的信任机制改变了数据和信息的连接方式，为不同参与主体间的可信数据交互提供了有效的技术手段，优化了城市治理结构。北京市利用区块链将全市 53 个部门的职责、目录以及数据高效协同地联结在一起，打造了“目录区块链”系统，为全市大数据的汇聚共享、数据资源的开发利用等提供了支撑。雄安新区建成区块链资金管理平台，对招投标决策等全过程信息留档并可实时调取查看证据，出现问题依法问责。

>> 专栏 3-12

多个城市探索利用新一代信息技术提升城市治理能力

天津市推进“政务一网通”改革，完成统一身份认证和电子证照系统平台搭建，2018 年发放数字证书近 8 000 张。积极解决群众办事堵点问题，上线“天津政务”App，实现公共服务事项 854 项、行政许可事项 646 项与天津市网上办事大厅同步办理。开展信用信息库建设，汇聚包括资质许可、行政处罚、税务登记、信用评级、行政执法等 16 种基础信用信息 2 500 万条。完善市区两级行政执法监督平台系统，构建完成审计监督“一张网”，开通城乡规划“一网通”平台，搭建城市建设管理监管系统，部署智能生态监控平台建设。其中，“露天焚烧高架视频监控系统”实现全方位、全天候对涉农区域的露天焚烧情况进行监控。

大连市实施“信息化专业监管 + 全民城管”新模式，并将这一平台与 12345 平台、民心网、民意网相联系，畅通了公众有序参与城市治理上报问题渠道。完成了智慧城管系统维护，整合市公安局所属视频监控系统和自建城建视频系统资源，基本实现指挥可视化。按照居民区、商业区（公共区）、海边和工地区的功能，对中心城区 208 平方公里的区域，细化成 1 345 个日常管理网格，配备网格员 1 889 名，建立了网格员微信管理群、城管队伍微信管理群，形成了较为完整的城市精细化管理体系。进一步压缩居民区、商业区（公共区）类网格内出现事件的办结时限，形成完整的“大连标准”，将管理效率提升至国家规范标准的 3 ～ 5 倍。

黄石市建设智慧环保系统，充分运用云计算、物联网、移动互联网、大数据和信息化领域等方面最先进的技术，主要建设环保云平台，建立办公门户和服务门户，建立三大保障体系，提供环境监测监管、环境管理、环境执法、环境社会服务、环境应急、决策支持六大应用，实现一张网监管、一张图作战、一个平台指挥、多系统交互、公众和多部门联动，促进条线业务协同和执法联动，助力智慧环保从“多头管理”向“综合治理”全面转型。

合肥市构建大数据平台促进政务资源整合共享。建立大数据平台项目统筹推进和长效管理的领导组织架构，编制了合肥市统一的政务信息资源目录，构建贯穿数据接入、治理、共享、开发全数据生命周期的“1+5”大数据平台体系，编制并印发了《合肥市政务数据资源共享开放管理暂行办法》《合肥市信息化项目管理办法》等政策规范，通过加强统筹、细化指导、健全制度，取得丰硕建设成果，已实现了国家、省、市、县级资源共享交换，汇聚了全市接近百家政务单位、上百亿条数据，以大数据平台为依托，向全市各委、办、局提供数据共享服务，累计数据近百亿条，为政务服务、民生服务、交通管理服务、城市安全治理、公共资源交易、教育管理服务、数字化城市管理、市民个人信用等领域政府精细化管理和精准化服务提供重要支撑。城市生命线工程监测每天采集和分析的数据量达500亿条，合肥“城市大脑”每天为“交通超脑”项目提供近2 000万条交通数据。

——《国家新型城镇化报告（2018）》，中国计划出版社2019年版

《国家新型城镇化报告（2019）》，人民出版社2020年版

第四节

城乡体制机制改革探索取得积极成效

党的十八大以来，面对我国经济发展进入新常态带来的深刻变化，以习近平同志为核心的党中央站在全局和战略的高度，始终坚持把“三农”工作作为重中之重，协同推进新型城镇化战略，全面深化农村改革，勇于推动理论创新、实践创新、制度创新，积极探索符合中国国情的城乡融合发展体制机制，推出了一系列重大改革举措，取得了历史性成就。

一、城乡融合发展体制机制改革迈出关键一步

（一）城乡融合发展体制机制顶层设计基本完成

《中共中央 国务院关于建立健全城乡融合发展体制机制和政

策体系的意见》印发实施，对调整城乡关系作出整体部署，明确了城乡融合发展体制机制改革的总体方向和重点任务，夯实了乡村振兴和农业农村现代化的制度保障。城镇化工作暨城乡融合发展工作部际联席会议制度正式建立。

（二）城乡融合发展体制机制重点领域改革取得突破

《中共中央 国务院关于保持土地承包关系稳定并长久不变的意见》印发实施，明确规定第二轮土地承包到期后再延长30年。《中华人民共和国土地管理法》修正案经十三届全国人大常委会第十二次会议审议通过，明确提出全面推开农村集体经营性建设用地入市等规定和改革措施。

（三）基层探索实践有序开展

国家发展改革委等18部门联合印发《关于开展国家城乡融合发展试验区工作的通知》，推动11个地区启动试验区工作，重点围绕建立城乡有序流动的人口迁徙制度、建立农村集体经营性建设用地入市制度、搭建城乡产业协同发展平台等试验任务，探索实践、先行先试。

二、城乡要素配置日益合理

（一）城市人才入乡机制逐步建立

大学生村官、第一书记、科技特派员等人才入乡政策普遍推开，鼓励引导大学生等本土人才返乡创业，允许大学生保留农村户籍，激发了乡村发展活力。

（二）农村土地制度改革取得新突破

一是农村承包地“三权分置”取得重大进展。这是继家庭联产承包责任制后的又一重大农村土地制度改革，极大程度提高了农村土地利用效率；截至2019年底，全国家庭承包耕地流转面积达到5.55亿亩。第二轮土地承包到期后再延长30年的政策，给农民吃下了长效“定心丸”。二是农村宅基地所有权、资格权、使用权“三权分置”的改革方向已经明确，部分地区在宅基地使用权确权登记颁证、盘活闲置宅基地、自愿有偿退出宅基地等方面，进行了很多有益探索，在保障农民合法居住权的基础上，赋予了农民更多财产权。三是农村集体经营性建设用地入市制度成效明显，截至2018年底，试点地区农村集体经营性建设用地直接入市1.1万宗、10.6万亩、总价款290亿元，腾退零星闲置宅基地18万户、11.8万亩，受到了农民普遍欢迎；在市场交易规则、服务监管制度、入市主体及组织形式等方面，也取得了不少成功经验，很多已纳入《中华人民共和国土地管理法》修正案，以法律形式确认并固定下来。

》专栏 3-13

贵州省湄潭县城乡融合实践案例

贵州省遵义市湄潭县在“人、地、钱”要素以及依托党建抓乡村治理等方面打出组合拳，探索出城乡融合发展的“湄潭路径”。

一、创新党的基层领导方式，建立能人带动与群众自治相结合的新机制

城乡融合发展，首先要提升乡的能力。乡村发展关键靠能人，老乡跟着能人走，通过“强带弱、富帮穷”实现共同富裕。一是允许破格选用乡村能人成为村干部。湄江街道金花村的冯书记1988年出生，2010年回村服务、当选为村委委员，由于脑子活、有闯劲，上级组织既给信任也给机会，2013年将其推举为村支书。上任后，冯书记带着村两委琢磨发展出路，很快便成功打造“七彩部落”旅游景区。在湄潭，冯书记这样被破格选用的“80后”村支书共有17人，占全县村支书的13%。二是将党组织建在功能单元上，强化党组织执政能力。能人并非全才，不可能什么事情都做得比别人好。核桃坝村创新探索“将党支部建在功能上”，即在行政村设立党总支，下设4个“专

业支部”即村民自治支部、产业发展支部、股份合作社支部和新移民支部，分别对应行政与社会管理、茶业种植与旅游产业发展、新型集体经济组织运营、外来人口服务等4个方面事务。党总支对支部实行一元化管理，每个党支部吸纳与功能相匹配的专业人才，既充分体现和强化了党在乡村治理中的领导作用，又发挥了人才的比较优势、提升了管理服务水平。三是以群众会为载体，在日常生产生活中发挥群众主体作用。通过制定“自我教育、自我监督、自我服务、自我管理”的村规民约，解决村级卫生、农业用药统防统治等难题，并由村民互相监督举报，对违约者收取罚金、对举报者发放奖金，降低了管理成本。

二、开门借力，为外来人口设计加入集体经济组织的通道

城乡融合发展，需要增强乡村对外来人口的吸引力。近年来，湄潭县茶产业发展势头良好，吸引了许多周边市县特别是生产生活条件较差的贫困山区农民前来谋生，一些经济较好的村，外来人口已占常住人口的1/3甚至更高，如核桃坝村户籍人口3 607人，来自县外但常年在本村就业定居的人口已达2 000多人。面对这一情况，湄潭县多个村庄怀着开放包容的心态和“强带弱、富带贫”的淳朴思想，向外来人口敞开集体经济组织的大门。一是允许外

村人在本村落脚。核桃坝村外来人口中有235户1 700多人已经有偿利用本村宅基地建房定居，村里还为他们流转了部分茶园。调研组走访了来自铜仁市沿河土家族自治县的老田，他的宅基地面积约120平方米，村里配了2亩茶园，自己还流转租种了10亩茶园。二是设计“评估集体资产价值－确定新增成员权价格－收费落户－分配宅基地和承包地等集体资产或股权”机制。核桃坝村准备将集体资产中的20%拿出来，分配给外地户籍迁入本村的新成员。金花村在组建旅游合作社时，允许长期居住生活的外来人口和本村户籍人口一样，以每户不超过1万元的资金入股合作社，并享受合作社的盈利分红。

三、探索农村集体经营性建设用地分割入市，建立政府－集体－个人收益分配机制，盘活宅基地和闲置农房

合理合法用好用活土地，是城乡融合发展的关键。立足于农村宅基地常被混合用于居住、商业、旅游甚至工业的现状，湄潭县创新性提出“综合类集体建设用地分割登记入市模式”，在保障使用权人基本居住条件的前提下，通过本人申请，经村股份经济合作社同意、县人民政府审批，由原使用权人缴纳有关费用后，将实际用于经营的物业分割登记入市，该模式下的第一单交易已于2017年11月完成。转让权人刘某家住湄潭县兴隆镇西街，2012年在

集镇上修建了一套占地 220 平方米、建筑面积 729 平方米的房屋。2017 年刘某向股份经济合作社提出申请，将三楼一套 114 平方米住房及一楼一间 55 平方米门面，共 169 平方米（其中用地面积分摊 16.6 平方米）流转给本镇村民陈某。陈某支付给刘某 18 万元左右购房款，并缴纳了 3.2 万元土地转让金（给县政府）和 8 000 元土地收益金（给村集体），取得湄潭县不动产登记事务中心为其颁发的《不动产权证书》。受让人陈某的产权证上写的是“集体建设用地 / 成套住宅”和“集体建设用地 / 商业服务”，与只可自用的宅基地区别开来。

四、促进金融要素下沉，探索乡村信用评级授信，将农村“两权”抵押拓展为“三权”抵押

改变城市强势虹吸金融资源的现状，推动金融机构从乡村资金抽水机变成蓄水池，是城乡融合发展的必要条件。一是提供“穷可贷、富可贷、不讲信用不可贷”的农村小额信用贷。湄潭县农商行以信用农户为基础，逐户开展调查、评估、授信。如果信用农户达到一定比例，即可被认定为信用村组、信用村、信用乡镇。获得信用评级的农户，可以便捷地享受几万到几十万元不等的小额信用贷款。老乡反映，这款产品“随要随贷、随有随还”，通过手机 App 甚至可以实现当日审批到账。截至 2018 年 2 月，湄潭县已有 12 个乡镇被评

为信用镇。二是农村“三权”抵押融资逐步推开。结合“两权”抵押贷款和农村集体经营性建设用地入市试点，湄潭县设计了“凭证定对象、察物定额度、问需定期限、区别定利率、业务定流程、多措控风险”的农村资产抵押贷款程序，农户可凭土地承包经营权证、宅基地使用证、房屋产权证、不动产登记证等申请贷款。截至2018年2月底，全县已开办“两权”抵押贷款业务的银行有6家，共发放“两权”抵押贷款835笔、约3亿元，其中：土地承包经营权抵押20笔、1.2亿元，住房财产权抵押815笔、1.8亿元；湄潭县中银富登村镇银行还以一块16.8亩的农村集体经营性建设用地为抵押，在不需政府相关部门担保背书情况下，发放了120万元的抵押贷款。这些措施为包括农户、合作社、城市工商资本在内的上千个市场主体提供融资支持，解决了他们在创业发展过程中的流转资金短缺问题。

——《国家新型城镇化报告（2019）》，人民出版社2020年版

三、城乡基本公共服务更加普惠

城乡基本公共服务向着制度接轨、质量均衡、水平均等的方向迈出了一大步。“城乡统一、重在农村”的义务教育经费保障机制

初步建立，统一的城乡居民基本养老保险、基本医疗保险、大病保险制度逐步建立，农村最低生活保障制度加快完善，国家基本公共服务项目和标准得到全面落实，保障能力和群众满意度进一步提升。截至 2018 年底，城乡居民基本医保覆盖了 13.4 亿人、大病保险覆盖了 10.5 亿人，基本养老保险覆盖了 9.4 亿人，失业、工伤保险参保人数分别增长到 2 亿、2.4 亿人。比如，浙江省在 2016 年就实现了县县建成国家义务教育发展基本均衡县，2018 年城乡基本公共服务均等化水平提高到 91% 左右，大部分县级行政区实现了城乡低保同标。

四、城乡基础设施建设更趋一体化

城乡基础设施建设向着联通化、一体化的方向迈进，农村的水、电、路、网等基础设施水平全面提升。截至 2018 年底，农村公路总里程增加到了 405 万公里，99.6% 的乡镇、99.5% 的建制村通了硬化路，99.1% 的乡镇、96.5% 的建制村通了客车，96% 的建制村通了光纤，95% 的建制村连接了 4G 网络。城市、小城镇和乡村基础设施的互联互通程度正在提高，农民生产生活条件得到了极大改善。同时，城乡基础设施统筹规划机制正在探索建立，政府、社会资本、农民多元参与的投入机制逐步完善。比如，福建省 87% 的乡镇建成了生活垃圾转运系统，65% 的建制村实行了生活垃圾村收集、镇转运、县处理的城乡一体化处理方式。四川省泸州市江阳区推动城乡供水同网、同质、同服务，农村供水覆盖率达到了

100%，37 万农村居民都吃上了干净放心的水。

» 专栏 3-14

四川省成都市城乡融合实践案例

成都市较早开展城乡统筹配套改革试验，在城乡融合发展体制机制改革方面进行了很多探索，取得了一些可复制可推广的经验。

一、全面开展农村资源资产确权颁证，实施集体资产股份化改革

确权是要素流动和交换的基础。成都市把确权作为基础工程，将农村集体土地所有权、土地承包经营权、集体建设用地使用权、农村房屋所有权、林权、集体资产股权、农村土地经营权、农业生产设施所有权、农村养殖水面经营权、小型水利设施所有权和经济林木（果）权等 11 项权利纳入确权范围，累计发放各类权证 895 万本。如战旗村和“五朵金花”等有收益性资产的村集体，都进行了集体资产股份化改革。战旗村将集体资产量化固化给 1 704 名户籍人口，股份生不增、死不减、可家庭内部继承。“五朵金花”中的红砂社区股改中村民可自主选择持股分红或

"退股折现"，全村 3 400 人中有 700 人选择退股并获得 2 000 元补偿；本社区新增户籍人口由个人缴纳 1 000 元、集体补助 1 000 元后获得股份；对去世人口，由集体收回股份并补偿 2 000 元。

二、通过政府和集体统一推动或市场自发流转，实现农用地规模化集中经营

锦江区政府在区政府层面上统筹集中农民承包土地并对外流转。如三圣街道，先由村庄成立集体资产管理公司，统一持有本村耕地经营权，并入股到街道成立的农景公司；农景公司再入股到锦江区的城乡发展投资公司。村级和镇级公司只负责统筹和相关会计核算等工作；城乡发展公司统筹入股耕地，对外寻求合作伙伴。全区 1.8 万亩耕地中有 1.5 万亩流转到城乡发展投资公司，流转土地已全部发包给种植花卉的大户和企业，每亩租金 3 000 ~ 5 000 元，其中，农民可得 2 700 ~ 3 000 元。战旗村土地流转由集体组织推动实施。2008 年，战旗村组建蔬菜种植合作社，集中全村 2 000 多亩耕地并统一对外发包。到 2010 年底，除了留下 100 多亩由合作社发展蔬菜种植外，其他耕地基本出租完毕。大邑县分水社区的土地流转属于村民自发。村内苗木种植大户左某于 2013 年联合本村 7 个大户成立苗木合作社，从村民手中租用林地约 1 000 亩、耕地约 100 亩，租金亩均分别约为 300 元、800 元。

三、通过农村建设用地再开发实现土地增值、收益增加，并为村庄带来就业机会

依托集体经营性建设用地招引的企业，或依托宅基地发展的新业态，成为社区增强集体实力、增加农民收入、解决农民就业的主渠道。战旗村利用的主要是集体经营性建设用地。2010 年村里引入从事旅游休闲产业的“妈妈农庄”，使用集体经营性建设用地 23.6 亩，土地使用年限为 40 年，约定价格为 50 万元 / 亩。农庄常年雇工 150 人左右，其中，战旗村村民约 100 人，职工月收入在 2 500 元左右。2015 年，战旗村又拍卖一宗 13.44 亩的集体经营性建设用地，土地成交价约为 60 万元 / 亩，扣除土地增值收益调节金后，村集体实得总价款约为 706 万元。“五朵金花”和幸福公社主要利用宅基地再开发。“五朵金花”从 2003 年开始，政府分三批通过少量资金补助支持了 38 家有意愿发展农家乐的农户。在这些先行者带动下，已有数百家以农民住房为基础的农家乐、艺家乐。其中，80% 由外来租用者经营，一栋 150 平方米左右的农房年租金达到 6 万 ~ 8 万元，直接带动就业近千人。幸福公社是一个“准房地产”项目，占地 110 亩，该项目在 2010 年一度面临纠纷甚至被清盘局面。近年来，公社建设方通过激发“社员”（60% 以上的购房者来自成都）才智、利用公共空间发展

文化创意产业、积极融入成都西部旅游线路等措施，集聚了人气，400 多栋房子中常住户超过 250 户。社区居住人口和周边旅游人数增加为本地土特产品找到了销路，公社常年雇佣的本地村民也超过 50 人。

四、发掘农业多重功能和价值，乡村旅游成为最重要卖点

各村都充分利用乡村优美环境，在传统农业种植的基础上，拓展农业新功能，发展乡村旅游，承接城市消费外溢。“妈妈农庄”自 2012 年运营后，年接待游客近 40 万人，旅游收入 2 000 万元左右。拍得战旗村 13.44 亩集体经营性建设用地的“香境”项目，是旅游综合体项目。战旗村正在谋划的占地近 50 亩的“乡村十八坊”项目，也是瞄准了乡村旅游市场。“五朵金花”从种花、卖花转向“卖风景”“卖环境”，已经成功创建 4A 级景区，年旅游人次过千万、旅游收入超过 6 亿元。幸福公社是以旅游度假为主的社区。分水社区左某的苗木合作社由于市场行情较为低迷，合作社着手种植 200 亩樱花和近百亩果树，并计划引进合作伙伴发展乡村观光旅游。

五、大力吸引城市人下乡或本村外出居民返乡，为乡村发展注入动力和活力

城市人口下乡直接带动了村民观念转变或乡村发展：

战旗村2006年加入了四川省开展的大学生进农家活动，与四川省内多所高校合作，每年暑假引进40名大学生。这一活动仍在持续开展，村民通过与学生们的交流更多更好地了解到外面的情况；村干部认为学生入户甚至为当初推动集中居住工作发挥了很好的作用。三圣街道引入20多位画家，画家以总额30万元、租期20年的方式租用农民20多栋集中连片房屋，初步形成了“画家村”，为“五朵金花”从单纯的农家乐发展成层次丰富的农家乐、“艺家乐”提供了重要条件。幸福公社“社员”刘某在成都经营一家文化公司，定期组织乡村音乐会、乡村课堂等，村民可以免费参加一些艺术活动；来自成都的戴某22岁大学毕业后带领着自己的小伙伴于2016年入驻幸福公社，承接乡村设计，他们还与周边村民联合，组织起临时工程队。

一些大学生毕业后开始返乡创业，成为乡村发展的新力量。战旗村的“80后”一共出了150多名大学生，毕业或在外工作一段时间后回乡7人，其中3人在村里任职，如生于1989年的易某大专毕业后成为一名火车司机，两年前回到村里，现在是村党支部委员；另外4人中有2人从事花卉苗木种植，2人住在本村并在离战旗村不到4公里的唐昌街道从事电子和电器经营。

——《国家新型城镇化报告（2019）》，人民出版社2020年版

第四章

推进新型城镇化
面临新形势新挑战新问题

当今世界正在经历百年未有之大变局，新冠肺炎疫情冲击下的世界正在发生深刻变化，我国发展面临风险挑战前所未有。尽管推进新型城镇化取得了历史性突破和进展，但一些深层次矛盾和制度障碍尚未得到根本解决，新的问题短板还在不断显现。明者因时而变，知者随事而制。站在新的历史起点上，推动新时期新型城镇化健康发展，要求我们坚定信心、保持定力、系统谋划，坚持用全面辩证长远眼光分析形势，深刻把握世界主要国家城市化进程与规律，认真研究中长期我国城镇化发展的趋势特征，准确研判未来我国城镇化发展面临的挑战，全面分析当前我国城镇化进程中存在的突出问题，为科学谋划未来一段时期推进新型城镇化的目标、思路和任务奠定扎实基础，努力在危机中育新机、于变局中开新局。

第一节

世界主要国家城市化进程与规律

世界主要国家的城市化实践表明，由农业为主的乡村型社会向以工业和服务业等非农产业为主的城市型社会转变的城市化过程有其内在规律性特征。

一、城镇化是现代化的重要内容

世界城市的发展历史漫长，但在工业革命以前，受生产力水平所限，城市数量少、规模小，城市人口比重低、增长缓慢。18 世纪中叶的工业革命启动了现代意义上的城市化进程。1760—1850 年为世界城市化的兴起阶段，在这 90 年间工业革命的先行国家英国基本实现了城市化，即 50% 的人口生活在城市。但从全球看，城市化进程缓慢，1850 年世界城市人口占总人口的比重仅为 5.1%。

1850—1950 年的 100 年为欧美国家城市化快速推进的阶段，到 1950 年欧美国家的城市化水平大都超过了 50%，基本实现了城市化。在 20 世纪 50 年代之后，世界范围内城市化进程加快，发展中国家在第二次世界大战后的经济快速增长成为城市化水平提高的重要推动力，到 2007 年，全球城市人口在总人口中的比重超过了 50%，2018 年世界城市化率达到 55.3%（见图 4–1）。

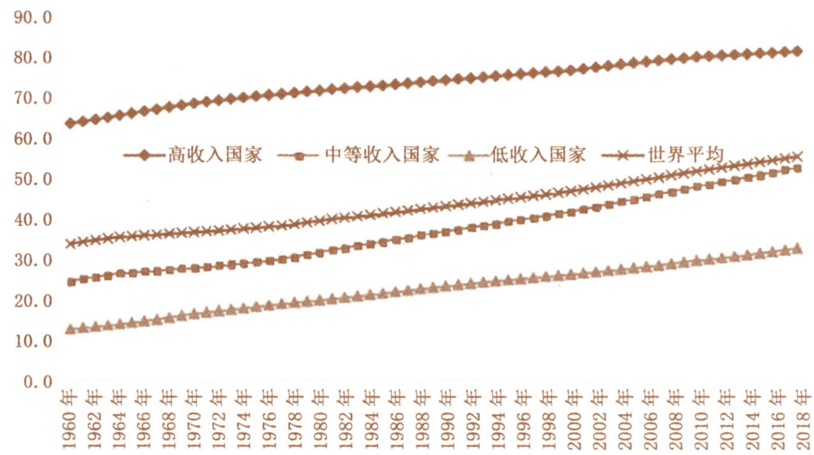

图 4–1　1960 年以来的世界城市化率（单位：%）

数据来源：世界银行。

世界城市化进程表明城市化与工业化相生相伴、相互促进。工业化为人类生产提供了新的生产方式，创造出更丰富更多样化的物质产品，为一个国家或地区从传统农业社会向现代工业社会转变提供了物质保障、奠定了物质基础。在这一过程中，一方面，通过集聚大量人口和生产活动所产生的规模经济和集聚效应，降低了工业生产、流通等各方面成本，以及基础设施建设和公共服务提供的边际成本，促进了生产专业分工程度和全社会生产效率的极大提高；另一方面，通过人口集中形成了庞大市场需求，刺激了生产活动的大幅度增长。

当城市化进入中后期后，城市化的发展不再单纯体现为工业产值和就业比重的提高，而主要表现为服务业产值及就业比重的上升，服务业及新兴产业取代了传统工业成为经济社会发展的直接推动力。同时，城市化所形成的聚集效应使城市成为新知识和新技术的策源地，加快了知识和技术的交流与扩散，加速了技术创新与进步，推动着一个国家和地区在社会结构、制度变革、文化理念以及人们的生活方式等诸多方面持续发生深刻变化，进而从工业社会向信息社会和智能社会过渡。可以说，城市化是人类社会生产和生活方式的历史性变革，是实现现代化的重要基础和条件，是迈向现代化进程中不可逾越的历史阶段。

从世界一些主要国家的发展历程看，城市化水平较高的国家或地区未必都能实现现代化，但实现了现代化的国家或地区都完成了城市化，或者说没有哪个国家或地区能够在城市化水平不高的情况下实现现代化（见表 4–1 和表 4–2）。

表 4–1　部分发达国家人均生产总值和城镇化水平（2018 年）

	人均生产总值 / 万美元	城市化率 /%
美国	6.29	82.26
德国	4.76	77.31
英国	4.30	83.40
法国	4.15	80.44
日本	3.93	91.62
韩国	3.14	81.46
全球平均值	1.13	55.27

数据来源：世界银行。

表 4–2　世界各国城市化与经济发展水平的关系

<table>
<tr><th colspan="2" rowspan="2"></th><th colspan="2">经济发展水平</th></tr>
<tr><th>高</th><th>低</th></tr>
<tr><td rowspan="2">城镇化水平</td><td>高</td><td>美国、英国、德国、日本、法国、意大利、西班牙、挪威、瑞士、奥地利、荷兰、韩国等国</td><td>阿根廷、巴西、墨西哥、马来西亚、菲律宾、南非、土耳其、匈牙利、摩洛哥等国</td></tr>
<tr><td>低</td><td>波利尼西亚、特立尼达和多巴哥等国</td><td>泰国、印度、印度尼西亚、巴基斯坦、尼日利亚等国</td></tr>
</table>

资料来源：《中国城市化与经济发展水平关系的国际比较》，《地理研究》2009年第28期，第464–474页。

二、城市群和都市圈是城镇化发展到成熟阶段的高级空间组织形式

在城镇化进程的中后期，中心城市开始将生产要素向周边地区扩散，借助现代化综合运输网络和高度发达的信息网络，辐射带动周边地区发展形成经济联系紧密、空间组织紧凑、一体化程度高的“城市共同体”——都市圈。不断扩大的都市圈相互接连，区域内经济、交通、社会协同水平不断提升，城市之间经济联系和分工协作愈发密切，各自比较优势得到充分发挥，最终形成比城市各自为战更具乘数效应的新型生产力空间布局形式——城市群。在都市圈和城市群地区，中心城市与周围城市和区域进行各种生产要素的交流，使不同规模、不同等级的城市产业特色鲜明、职能各异、优势互补，通过规模和集聚效应，共同影响、控制和服务全国乃至全球经济社会发展。

从全球范围看，城市群和都市圈在承载世界人口和经济要素方面的作用快速提升。根据联合国《世界城市化前景》，人口超过100万的城市群或都市区中的人口占世界人口的比重，从1960年的14.1%上升到2018年的24.0%，提高了9.9个百分点。

从发达国家看，城市群和都市圈是人口和经济的主要载体。

在美国，1920 年共有 58 个大都市区[1]，人口占美国总人口的 33.9%；到 1940 年，大都市区增加到 140 个，占全国总人口的比重上升为 47.6%，即接近全国一半的人口生活于都市区；到 1990 年，大都市区数量增加为 268 个，人口达到 2 亿，占全国总人口的 79.6%。以纽约为中心，包含波士顿、费城、巴尔的摩和华盛顿等主要城市的美国东北部大西洋沿岸城市群面积占美国总面积的 1.5%，2015 年人口占美国总人口的 17%；2016 年 GDP 达 4 万亿美元，占全美 GDP 比重超过 20%，是全球实力最强的城市群之一。在日本，2014 年面积仅占日本 3.5% 的东京都市圈承载了日本 28.3% 的人口和 32.3% 的 GDP，占全国面积 6% 的太平洋沿岸城市群集聚了全国 61% 的人口和 65% 的工业产值（见表 4–3）。

表 4–3　2014 年世界级城市群主要发展指标

城市群	美国东北部大西洋沿岸城市群	北美五大湖城市群	日本太平洋沿岸城市群	欧洲西北部城市群	英国中南部城市群
面积（万平方公里）	13.8	24.5	3.5	14.5	4.5
人口（万人）	6 500	5 000	7 000	4 600	3 650

[1] 大都市区是美国的一种统计标准，指一个大的人口核心及与这个核心在社会经济方面高度一体化的接临社区的组合。

续表

城市群	美国东北部大西洋沿岸城市群	北美五大湖城市群	日本太平洋沿岸城市群	欧洲西北部城市群	英国中南部城市群
GDP（亿美元）	40 320	33 600	33 820	21 000	20 186
人均 GDP（美元 / 人）	62 030	67 200	48 315	45 652	55 305
地均 GDP（万美元 / 平方公里）	2 920	1 370	9 962	1 448	4 485

数据来源：《长江三角洲城市群发展规划》2016年。

世界城市和区域发展规律表明，城市群或都市圈是一个国家或地区经济社会发展综合实力的集中体现，也是参与区域竞争的主力选手，可以有效带动经济总体效率的提升。一是凭借对于全国乃至全球生产网络关键节点集聚，对资本、知识、信息与技术等具有强大组织能力，并依托高度发达的交通和信息网络，成为要素集聚和信息传输的重要枢纽。二是凭借完善的创新、创业生态系统，在科技和产业革命浪潮中持续发挥先锋作用，是知识创造、科技发明、产业升级、业态培育的重要源头，是新制度、新模式的催生之地。三是凭借宽容多元的人文环境，成为各国优秀文化的熔炉。多种文化相互碰撞、交流与融合，促进了新思想、新理念的涌现，是先进思潮和观念的形成、传播和践行地。

三、推动城市可持续发展成为各国共识

随着城市规模不断扩大，城市系统越来越复杂，社会风险越来越集中在大城市。世界城市化的历史证明了这一点。人口和经济活动在城市空间上高度集聚引发的交通拥堵、环境污染、社会冲突等诸多问题成为许多国家和地区面临的普遍挑战。

在环境方面，19 世纪中期英国工业革命快速发展过程中，以重化工为主的经济路线、集中的工业布局，以煤为主的工业能源、“先污染、后治理”思路等造成严重的光化学污染和海湾水污染，严重影响居民健康。在交通方面，伦敦市中心在 20 世纪中期集中了 100 万就业岗位，每日高峰时段进出中心城区人口超过 100 万，车辆超过 4 万辆，平均时速仅 14.3 公里。在巴黎，20 世纪 60 年代在“适应小汽车发展”政策刺激下小汽车数量激增，环城高速在 1973 年开通后不久便陷入持续性拥堵。美国洛杉矶、韩国首尔在城市化高速发展阶段同样经历私家车集聚增长和大都市区道路容量增长有限的矛盾激化阶段，造成出行效率下降、雾霾天数增多和碳排放剧增等问题。在气候变化方面，在城镇化和工业化快速发展阶段，人均能源消耗和碳排放迅速增长（见图 4–2）。1950 年，在人口超过 1 000 万、城镇化率高于 60% 的发达国家中，美国（城镇化率 64.2%）人均碳排放为 15.97 吨，英国（城镇化率 79%）人均碳排放为 9.89 吨，德国（城镇化率 67.9%）人均碳

排放为7.30吨。相比之下，城镇化率50%~60%的国家碳排放较低。法国（城镇化率55.2%）人均碳排放量为4.83吨，荷兰（城镇化率56.1%）人均碳排放量为5.11吨，日本（城镇化率53.4%）人均碳排放量为1.24吨。

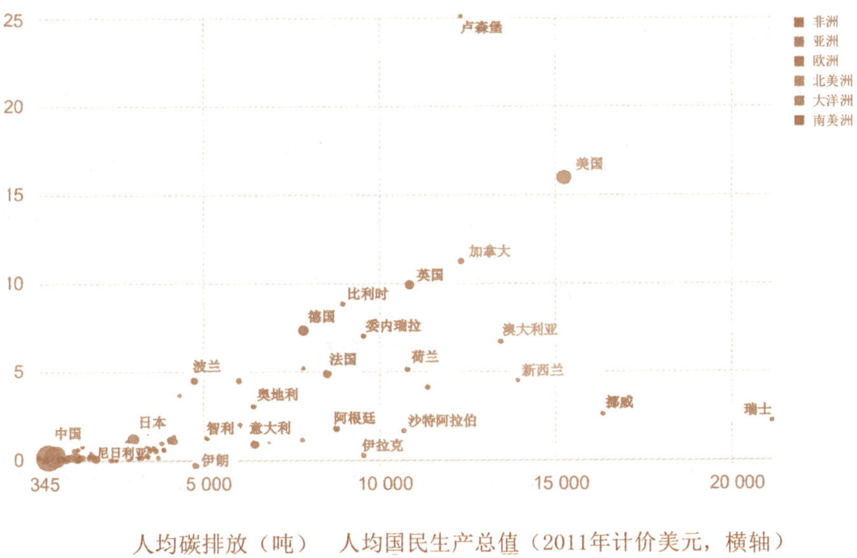

图 4–2　1950 年全球主要国家人均碳排放与人均 GDP 的关系

近40年来，各国逐步意识到，城镇化和工业化在塑造人类文明新高度的同时，对地球承载能力造成巨大压力。推动城市可持续发展，建设包容、韧性、安全、低碳的城市逐步成为各国共识。

在全球层面，1987年联合国环境与发展委员会发布《我们共同的未来》报告，提出“既满足当代人的需求，又不对后代人满足其自身需求的能力构成危害的发展”的可持续发展理念。1992

年，在巴西里约热内卢联合国环境与发展大会上，183 个国家、102 位国家元首和政府首脑、70 个国际组织通过 27 条原则，就可持续发展的道路达成共识。2000 年，在联合国首脑会议上，全体 191 个成员国就消除贫困、对抗疾病，确保环境可持续、促进全球合作等领域的可持续发展达成共识，一致通过联合国千年发展目标。2015 年，联合国首脑会议通过了涵盖 17 个可持续发展目标（SDGs）的《2030 年可持续发展议程》，提出协调推进经济增长、社会发展、环境保护三大任务，为全球发展描绘了新愿景[1]。2016 年，在联合国第三次住房和城市可持续发展大会上，各国一致通过了具有历史意义的《新城市议程》。该议程设定了城市可持续发展的全球标准，为全球在气候变化时代实现可持续发展目标提供了指导。

在国家和地区层面，发达经济体主要城市纷纷在新的规划和政策中落实可持续发展理念。英国是 1999 年《京都议定书》签订以后，世界上第一个承诺在 2050 年减少 80% 碳排量的国家。可持续发展也是伦敦应对城市资源短缺、气候变化的主要对策和推动城市发展模式全面转型的主动选择（见专栏 4–1）。纽约和东京也将可持续发展作为城市发展的核心原则。美国纽约是全球第一个向联合国报告本地可持续发展目标进展的城市。纽约在

[1] 《坚持可持续发展 共创繁荣美好世界——在第二十三届圣彼得堡国际经济论坛全会上的致辞》（2019 年 6 月 7 日），《人民日报》2019 年 6 月 8 日。

2007、2011、2013年版城市规划提出的绿色、宜居和韧性主题基础上，于2015年推出主题为“一个纽约，建设强大而公正的城市”的城市规划。该城市规划认同联合国《2030年可持续发展议程》，全面对接可持续发展目标，提出兼顾增长、平等、可持续和弹性的四个行动原则。其中可持续原则旨在通过减少温室气体和废弃物排放、保护水和空气质量、清理棕地、增加公共开发空间等提高居民和未来世代生活质量。日本出台了《2020年东京奥运会可持续计划》，以“一起做得更好——为了地球和人类”为原则，提出了五大主题，即“迈向零碳”为核心的气候变化，“零废弃物”为核心的资源管理，“自然中城市和城市中自然”为核心的环境多样性，“弘扬多样性”为核心的人权、劳工和公平商业，“基于合作与平等的团结”为核心的参与、合作、沟通，确保东京奥运会以可持续方式举办的同时践行联合国“可持续发展目标”。

专栏 4-1

历次英国大伦敦规划对可持续发展理念的重视情况

在不同版本大伦敦规划的编制和修订过程中，可持续发展越来越受到重视，逐渐成为城市发展的总体原则。

2004年伦敦规划中，提出将伦敦建设成为“可持续发展的样板城市”。2011年，提出“要按照最高的环境质量和生活质量标准建设伦敦，在应对气候变化的问题上，伦敦应当引领全球”。2016年《大伦敦规划》中提出“要建设成为改善提升本地和全球生态环境方面的全球引领城市，在应对气候变化、污染减排、发展低碳经济、资源节约和高效利用等方面做出全球表率”。在城市人居环境方面，伦敦重点提升环境品质，为所有居民提供优质的生活、工作和游憩空间。一方面，重点保障全体居民可持续发展的需求和公平使用各类公共资源的权利，尤其注重满足居民教育、医疗、社交等生活需求，大力增加保障性住房供应，提高交通设施的便利性和可达性。另一方面，通过最大化利用绿地、水系等开放空间，结合空间设计、绿化种植、街景设计，加强历史街区和文物建筑保护，构建城市绿色生态系统、改善气候条件、降低灾害发生，打造安全、便捷、包容且具有特色的城市宜居环境。在应对气候变化方面，伦敦致力于最大限度减少碳排放。具体措施包括：鼓励本地化、分散式的能源供应网络，提高可再生能源的比重；实施废物管理战略，增设废物处理设施，设置回收再利用系统；创新能源技术，在城市设计中融入可持续发展的理念，大力推广绿色建筑设计与绿色建材等。

第二节

我国城镇化中长期发展的趋势特征

未来一段时期，我国城镇化迈入增速放缓的中后期阶段，人口流动将更加多元复杂，城市发展方式将加快转变，城市群和都市圈发展渐趋成熟，城镇化呈现出新特征。

一、农村人口进城仍是大趋势，但城镇化增速逐渐放缓

习近平总书记指出，城镇化最基本的趋势是农村富余劳动力和农村人口向城镇转移[1]。我国农村劳动力数量众多，大量的农村劳动力逐渐从农业生产活动中转移出来，并在城乡之间流动就业。改

[1]《在中央城镇化工作会议上的讲话》（2013 年 12 月 12 日），《习近平关于社会主义经济建设论述摘编》，中央文献出版社 2017 年版，第 162 页。

革开放以来，我国农民工规模持续增长，由 1982 年的 0.06 亿人增加至 2019 年的 2.91 亿人，年均增加 770 万人（见图 4-3）。同时，我国进城务工农民工数量也大幅增长，截至 2019 年末达到 1.35 亿人。当前和今后一段时期，我国的人口流动和迁移仍将处于活跃期，农村人口进城仍是大趋势。综合有关研究机构对我国未来城镇化率的预测，到 2035 年我国城镇化率预计将达到 70% 以上，与 2019 年城镇化率 60.6% 相比，还将增加 10 余个百分点，新增城镇人口 1.5 亿人左右，农村人口进城趋势还将持续较长一段时间。

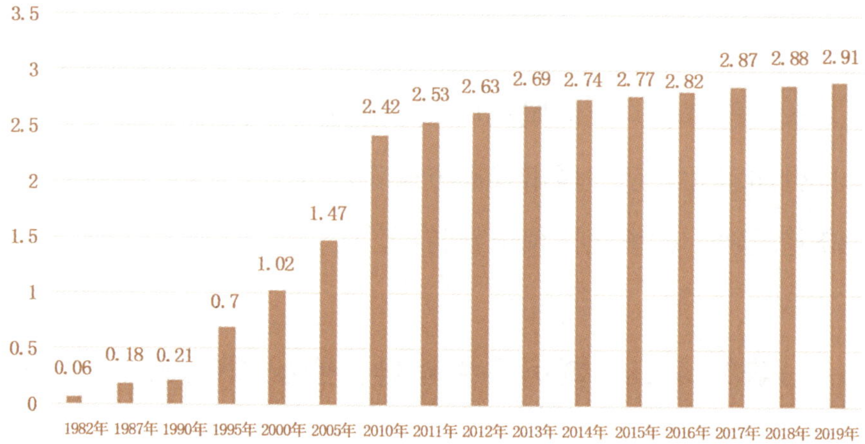

图 4-3　1982 年以来我国农民工规模变动情况（单位：亿人）

数据来源：国家统计局第三、第四、第五次人口普查数据以及2010年以来的《农民工监测调查报告》。

与此同时，受经济增长速度放慢、人口结构变化、城镇化发展阶段等因素影响，我国城镇化增速将逐渐放缓。2019 年我国城镇化率达到 60.6%，2015—2019 年我国城镇化率年均增速达到 1.13 个百分点。根据诺瑟姆城市化规律曲线，我国城镇化发展已经进入了增速放缓的中期偏后阶段，城镇化发展速度将明显放缓。根据不同机构对未来我国城镇化水平的预测，未来 15 年我国城镇化率年均增速将由“十三五”时期的 1.13 个百分点下降为 0.7 ~ 0.9 个百分点。

二、人口流向趋于多元，流动结构更为复杂

当前，受区域经济结构的影响，我国人口流向呈现多元分化发展态势。通过分析 2007、2012、2017 年各省份人口流动变化情况（见表 4–4），我国人口流动具有如下特征：一是人口净流入省份出现分化。在人口净流入省份中，上海、北京、浙江、天津、新疆等人口净流入量持续增加，而广东、江苏、福建、云南、青海等人口净流入量有所减少，与此同时，山东由人口净流入大省转变为人口净流出省。二是人口净流出省份总体呈现回流态势。在人口净流出省份中，陕西、湖北、重庆、湖南、安徽、四川等省份近 5 年净流出人口数量显著减少，而甘肃、河北、江西、广西、贵州、河南等省份人口净流出态势有所放缓，净流出人口增速显著放缓。内蒙古、海南、宁夏等省份由人口净流出转变为人口净流入地区。三是部分地区人口流动的近域化趋势在加强。2010 年以来，外出农民工在省内流动占比逐年增加，2019 年达到 56.91%，比 2010 年的 49.68% 增加了 7.23 个百分点（见表 4–5）。

表 4–4　2007 年以来我国各省份人口流动变化情况　　单位：万人

省份	人口净流入			人口净流入变化	
	2007 年	2012 年	2017 年	2007—2012 年	2012—2017 年
广东	1 293.0	1 958.1	1 852.1	665.2	-106.0
上海	479.1	953.5	963.2	474.4	9.7
北京	416.8	769.2	810.2	352.5	41.0
浙江	400.7	677.7	699.4	277.0	21.7
天津	150.9	416.8	506.9	265.9	90.1
江苏	270.9	366.5	235.1	95.6	-131.4
黑龙江	4.2	22.9	188.1	18.7	165.2
辽宁	66.3	144.2	172.4	77.9	28.1
新疆	52.6	6.7	158.0	-45.8	151.2
福建	140.3	168.7	103.4	28.4	-65.3
吉林	33.9	48.9	101.6	15.0	52.7
内蒙古	-8.8	29.9	90.1	38.7	60.1
云南	143.2	83.3	65.7	-59.9	-17.6
海南	-4.3	-15.4	15.4	-11.1	30.7
青海	30.2	7.6	13.7	-22.6	6.1
西藏	10.4	-2.0	10.9	-12.4	12.9
宁夏	-2.9	-11.8	2.6	-8.9	14.5
山西	0.7	110.2	0.0	109.5	-110.2
山东	21.5	105.3	-2.9	83.8	-108.1
陕西	-34.7	-173.1	-140.6	-138.4	32.5
甘肃	-32.2	-135.5	-145.0	-103.2	-9.5

续表

省份	人口净流入			人口净流入变化	
	2007 年	2012 年	2017 年	2007—2012 年	2012—2017 年
河北	-88.6	-129.1	-162.7	-40.5	-33.6
湖北	-385.9	-386.4	-239.8	-0.5	146.6
重庆	-419.3	-398.4	-314.7	20.9	83.8
江西	-160.7	-299.6	-370.3	-139.0	-70.7
湖南	-525.1	-492.7	-436.1	32.5	56.6
广西	-293.3	-696.2	-714.7	-402.8	-18.5
安徽	-557.7	-924.3	-804.3	-366.6	119.9
四川	-688.2	-1021.2	-811.4	-333.0	209.8
贵州	-222.7	-650.2	-894.9	-427.5	-244.8
河南	-1 003.0	-1 525.6	-1817.5	-522.6	-291.9

数据来源：Wind数据库。

表 4-5　外出农民工跨省流动、省内流动变动情况　　单位：%

年份	省内流动农民工	跨省流动农民工
2010	49.68	50.32
2011	52.89	47.11
2012	53.19	46.81
2013	53.41	46.59
2014	53.23	46.77
2015	54.13	45.87

续表

年份	省内流动农民工	跨省流动农民工
2016	54.73	45.27
2017	55.34	44.66
2018	56.02	43.98
2019	56.91	43.09

资料来源：2010年以来国家统计局公布的《农民工监测调查报告》。

随着各项改革的深入和社会主义市场经济体制的完善，未来一段时期分隔地区和城乡的“篱笆”“围墙”将会逐步拆除，人人平等、公平竞争、尊重个人选择的自由流动机制将会建立起来，这将促使未来人口流动更加活跃、更趋多元，流动结构更为复杂。经济欠发达地区人口向经济较发达地区流动、中西部地区人口向东部地区流动，仍将是未来二三十年区域人口迁移的主流。东部地区和中西部部分城市经济发展优势明显，就业机会众多、基本公共服务保障水平高，持续吸引大量的外来人口流入。

在这种基本格局下，将发生一些局部变化。一方面，人口向东部地区流动目的地可能会更加集中化，长三角、珠三角等地区人口持续流入态势明显。另一方面，随着中西部地区的加快发展，中西部地区人口回流趋势将持续，将由向少数几个省（市）回流变为向更多省（市）的“多元化”流动。此外，随着城市群、都市圈地区以及一些自然资源丰富、新的重点开发地区的加快发展，人口向这些地区流动的态势将会有所增强。

三、农业转移人口就业结构将愈加多元，就业能力不足成为制约进城的重要因素

随着我国农业转移人口市民化工作的不断推进，未来农业转移人口的工作环境将朝着越来越好的方向变化，就业形态将呈现多元化发展趋势，农业转移人口在城市的社会融合度将越来越高。

（一）农业转移人口的就业结构将愈加多元

当前，我国农业转移人口就业主要集中在制造业、建筑业、交通运输、批发零售、住宿餐饮、社会服务业等六大行业，2019 年这六大行业集中了农业转移人口 84.2% 的就业（见表 4–6）。根据有关机构预测，未来我国就业岗位需求增长较多的将是医护人员、教师、创意人员、技术专家等；与此同时，随着机器代人及产业升级转型发展，制造业、建筑业、交通运输、批发零售等岗位需求将呈下降趋势，农业转移人口的就业岗位将愈加多元。

表 4–6　农民工就业结构变化　　单位：%

年份	制造业	建筑业	交通运输、仓储和邮政业	批发零售业	住宿餐饮业	居民服务和其他服务业
2010	36.7	16.1	6.9	10.0	6.0	12.7
2011	36.0	17.7	6.6	10.1	5.3	12.2
2012	35.7	18.4	6.6	9.8	5.2	12.2
2013	31.4	22.2	6.3	11.3	5.9	10.6
2014	31.3	22.3	6.5	11.4	6.0	10.2
2015	31.1	21.1	6.4	11.9	5.8	10.6
2016	30.5	19.7	6.4	12.3	5.9	11.1
2017	29.9	18.9	6.6	12.3	6.2	11.3
2018	27.9	18.6	6.6	12.1	6.7	12.2
2019	27.4	18.7	6.9	12.0	6.9	12.3

资料来源：国家统计局2010—2019年《农民工监测调查报告》。

（二）农业转移人口融入城市的意愿越来越强烈，但就业能力不足将成为落户城市的重要制约因素

据陕西省调查总队 2019 年对 1 345 名农民工在城市定居和落户意愿调查，39.9% 的农民工有定居意愿，18.5% 的农民工认为自己已在城市定居，共计 58.4%；据 2019 年成都市调查队调查，有 57.6% 的农民工表示愿意在城市定居或已定居，说明农业转移人口定居城市的意愿较高。未来随着新生代农业转移人口比重越来越高，

农业转移人口融入城市的意愿将越来越强烈。但同时也要看到，我国农业转移人口文化程度还较低，2019 年初中及以下文化程度的农业转移人口占比高达 72.3%，农业转移人口的就业能力远不能适应我国产业结构的转型升级，就业能力不足将严重制约农业转移人口落户融入城市。

四、城市群主体形态更加清晰，中心城市和都市圈成为增长引擎

城市群是城市的集聚体，它超越了城市内部的“专业化经济”和“多样化经济”，能够有效减少市场分割，产生“1+1>2”的“城市群经济”效应。一方面，城市群内部大中小城市之间产业和功能的合理分工，会促使各城市有效发挥比较优势，通过优势互补提高整个城市群的要素利用效率。另一方面，它可以降低城市间各类恶性竞争带来的空间负外部性，使城市群整体的综合承载能力进一步提升。当前，城市群是当今世界城市化发展的主流和大趋势，也是我国城镇化空间的主体形态，已成为落实我国新型城镇化和区域协调发展的核心战略板块，所承载的人口和经济比重不断提升。

都市圈在各国及世界经济发展中起着枢纽作用，具有强大的国际辐射能力和区域引领作用。通过都市圈的发展，能够有效治理大城市病和实现中心城市高质量发展，同时也能够在都市圈率先形成同城化发展和城乡融合发展格局。进一步发挥城市群的主体形态和

主体作用，紧迫任务是促进都市圈的形成和一体化发展。根据清华大学有关研究，以1小时可达范围测算，截至2018年底，我国“19+2”城市群内的都市圈以2.2%的国土面积集聚了21%的人口，创造了约30%的国内生产总值，是带动我国经济社会发展和参与国际竞合的主要载体。预计到2025年，都市圈城镇人口占城市群内城镇人口的比重将达到38%左右；2035年，该比重将进一步提高至44%左右。

五、城市发展方式进一步转型，市民诉求更趋多元

改革开放以来，我国经历了世界历史上规模最大、速度最快的城镇化进程，城市发展遇到了亟须解决与应对的许多新问题和新挑战，特别是城市建设存在着土地资源浪费、环境治理欠债较多、脱离资源和环境承载力的城市规模盲目扩张等严重问题。未来随着人民生活水平的提高，城镇居民对生态环境、健康、文化需求将持续增加，居民诉求表达将更加多元和迫切。

为此，2015年召开的中央城市工作会议以系统科学的创新思维，尊重城市发展规律，提出了推动中国城市发展方式转型的重大战略决策，要求坚持以人民为中心的发展思想，坚持人民城市为人民。在中央城市工作会议精神的指引下，为满足市民日益多元的需求，我国城市发展方式将进一步加快转型。一是国家空间规划体系的构建，科学划定城市开发边界，将推动城市发展由外延扩张式向

内涵提升式转变；二是以人为中心城市发展目标的转向，即人的美好生活所需就是城市发展所趋，将推动城市在资源和要素配置上“以人为中心”来考量，统筹把握好生产、生活、生态空间的内在联系，人民的生活品质将得到全面提升；三是城市宜居性将得到空前重视，以人为本、尊重自然、传承历史、绿色低碳、智慧生态等理念正融入城市规划建设全过程，城市发展持续性、宜居性将得到显著提高，城市发展将更有温度，市民生活将更有质感。

第三节

未来我国城镇化发展面临的挑战

当前，世界面临的不稳定性不确定性增加，世界经济增长乏力，贸易保护主义、孤立主义、民粹主义等思潮不断抬头。我国经济仍然面临复杂的内外环境和较大的下行压力，改革进入深水区，未来我国城镇化发展也面临着诸多挑战。

一、全球经济衰退、逆全球化抬头可能改变我国农业转移人口流向和城镇化空间格局

当前世界经济低迷，逆全球化思潮抬头，不稳定性、不确定性大大增强。我国曾经的出口导向优势减弱，参与国际产业分工也面临调整，对农业转移人口流向和城镇化空间格局产生影响。

（一）全球经济正面临严重衰退，以保护主义、孤立主义为代表的逆全球化思潮抬头

近年来，世界经济增速开始放缓，2018 年为 3.6%，2019 年为 2.9%。2020 年新冠肺炎疫情在全球范围内的蔓延更是加快了全球经济衰退的步伐（见专栏 4–2）。世界银行在 2020 年 6 月 8 日发布的《全球经济展望》报告中称，“受新冠病毒大流行影响，2020 年全球 GDP 可能会收缩 5.2%，是自‘二战’以来全球经济经历的最严重衰退，也是近 150 年来第四次严重衰退。此外，全球 90% 以上国家的人均 GDP 都将收缩，这是自 1870 年以来的最大收缩”。在全球经济增长低迷的形势下，以保护主义、孤立主义为代表的逆全球化思潮明显抬头，中国经济增长面临着很大的外部压力，将对城镇化进程产生一定影响。

» 专栏 4–2

国际组织对世界经济和贸易增长的预测

世界银行在最新的全球经济展望报告中表示，发达经济体 2020 年产出预计将萎缩 7.0%，而新兴市场经济体将萎缩 2.5%，创自 1960 年有汇总数据以来的首次萎

缩。90% 以上的国家人均产出将收缩，是 1870 年以来最大比例。

国际货币基金组织（IMF）2020 年 4 月发布的《世界经济展望报告》预计，2020 年全球经济将萎缩 3%，新冠肺炎疫情将造成 2020 年和 2021 年全球 GDP 累计损失约 9 万亿美元。

联合国 2020 年 5 月发布的《2020 年中期世界经济形势与展望》报告预计，2020 年世界经济将萎缩 3.2%，是 20 世纪 30 年代大萧条以来最严重的经济衰退，同时预计 2020 年世界贸易将收缩近 15%。

世界贸易组织（WTO）预计 2020 年全球货物贸易将下跌 13% ~ 32%，萎缩幅度可能超过国际金融危机时水平。

——世界银行《全球经济展望》、商务部综合司和国际贸易经济合作研究院《中国对外贸易形势报告（2020 年春季）》

当前，西方国家强化贸易保护主义，除反倾销、反补贴等传统手段之外，在市场准入环节对技术性贸易壁垒、劳工标准、绿色壁垒等方面的要求越来越苛刻，由征收出口税、设置出口配额等出口管制手段引发的贸易摩擦越来越多。我国多年来连续成为世界上受到反倾销反补贴调查最多的国家。我国的外贸发展面临严峻挑战，出口贸易对国内经济拉动的作用明显下降，2020 年一季度，货物和服务净出口下降造成 GDP 下降 1.0 个百分点。2010—2019 年货物出口总额和净出口额占 GDP 的比重分别由 26%、3% 下降到 17.4%、2.9%（见图 4–4）。全球经济衰退风险上升的大背景下，以外贸拉动经济增长、承载农业转移人口就业的城市受到很大影响。特别是东部沿海地区外贸依存度较高的城市将受到较大冲击，吸纳农业转移人口就业的能力也会降低，可能导致外出就业的农业转移人口返乡回流，也意味着城镇化空间格局会出现变化。

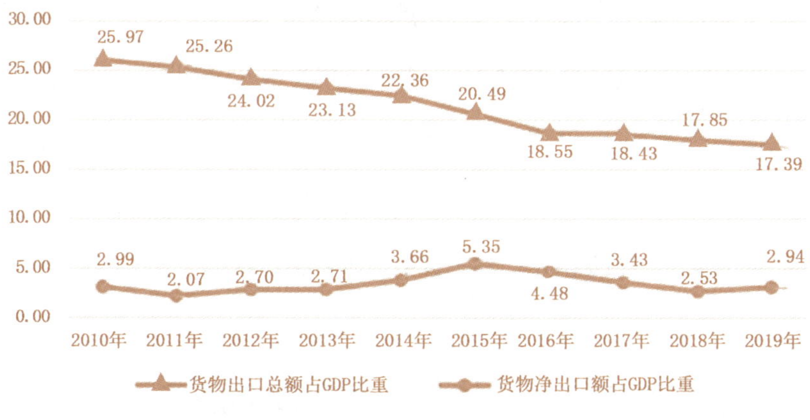

图 4–4　2010—2019 年货物出口总额和净出口额占 GDP 比重（单位：%）

数据来源：国家统计局网站。

（二）全球产业链变化对城镇化空间格局产生影响

逆全球化抬头可能减少全球产业链对我国的依赖。一些国家筹划撤出本国企业在我国的生产线，比如，日本经济产业省的经济刺激计划中推出了价值 2 435 亿日元的“改革供应链”的项目，其中 90.3% 用于资助日本企业将生产线从中国转移回日本本土，9.7% 用于资助日本公司将生产从我国转移到其他国家以实现生产基地多元化。过去，建立在劳动力成本低廉优势和发达国家劳动密集型产业向外转移机会基础上的大规模出口和外向型经济，曾经是我国经济高速增长、城镇化快速发展的重要推动力。沿海地区劳动密集型产业发达，吸引了很多农业人口外出务工，近年来，随着我国劳动力等生产要素成本不断上升，部分劳动密集型产业也开始向外转移，除了向东南亚等地区转移外，一些劳动密集型产业也开始在中西部地区寻求发展空间。产业变化带来就业变化，沿海地区农业转移人口的就业空间将受到一定程度的挤压，而接纳产业转移的中西部地区将获得更多的就业机会，吸纳更多农业转移人口。

二、经济增速放缓将降低城镇化发展速度

当前，我国经济下行压力加大，经济增长呈现速度放缓的态势，农业转移人口的就业将受到较大的影响，城镇化速度也将面临下降的挑战。

（一）经济增长速度放缓趋势显现

2000—2019 年，GDP 增长速度在 2007 年达到最高值 14.2%，此后，GDP 增速进入下行区间，2007—2019 年的 12 年间，GDP 增长速度下降了约 8 个百分点。特别是近两年来，季度 GDP 增长率由 2018 年第一季度的 6.9% 持续下降到 2019 年第四季度的 6%。受新冠肺炎疫情影响，2020 年经济下行压力显著加大。从经济增长与城镇化的国际规律上看，在城镇化进入成熟阶段前，经济增长较快时期，城镇化率也保持较高增速；当经济增长速度呈现放缓趋势时，城镇化率的提高速度通常也会减慢。从国内经济增长速度与城镇化提高速度的经验来看，2000—2019 年，城镇化率提高速度与 GDP 增速的比值在 0.11 ~ 0.19 之间波动（见图 4–5），可见 GDP 增长速度每变化

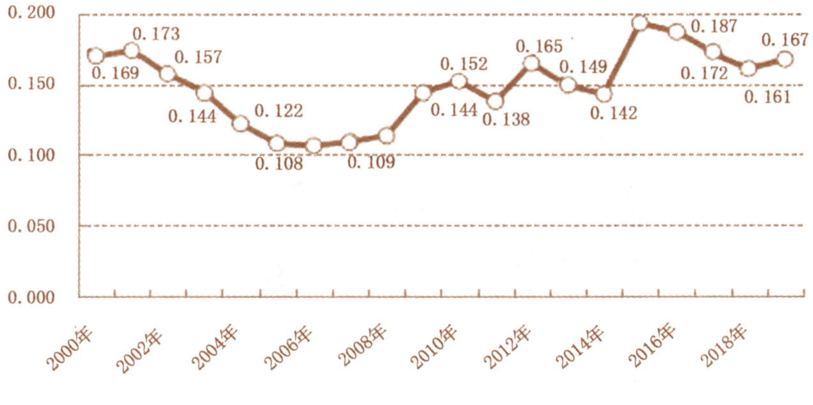

图 4–5 2000—2019 年城镇化提高速度与 GDP 增速比值

数据来源：国家统计局《中国统计年鉴2019》和《2019年中华人民共和国国民经济和社会发展统计公报》。

1 个百分点对应的城镇化率的变化值相对稳定。当 GDP 增长速度持续放缓的时候，城镇化速度总体上也将呈现减缓的趋势。

（二）经济增长速度放缓导致城镇吸纳就业能力下降

随着经济增速放缓，就业吸纳能力受到影响，农业转移人口就业增速放缓。2014—2019 年就业增长速度呈现持续下降态势，从 2014 年的 0.36% 下降到 2019 年的 -0.15%，2018—2019 年就业人员总数连续两年减少，降至 7.75 亿人（见图 4-6）。2019 年外出农民工增长速度 0.9%，比 2011 年增速（3.4%）下降了 2.5 个百分点。在经济下行压力下，过去城镇化快速发展所依赖的劳动力低成本增长模式更加难以为继，城镇化发展面临的约束加大，农业转移人口进城的速度将减缓，城镇化速度也将降低。

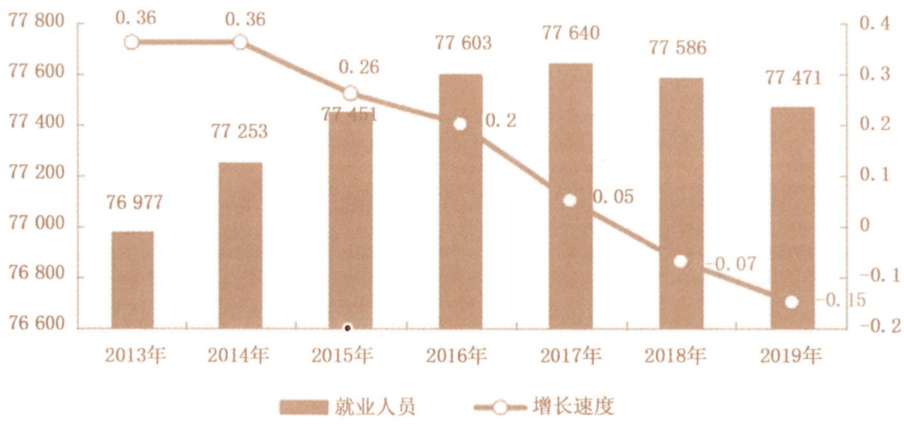

图 4-6　2013—2019 年就业人数及增长速度（单位：万人，%）

数据来源：国家统计局《中国统计年鉴2019》和《2019年中华人民共和国国民经济和社会发展统计公报》。

三、产业结构调整和新经济发展改变城市竞合关系

产业结构调整符合城市发展的基本规律，也是推动经济高质量发展的必然要求。随着城镇化进程的深入推进，现代服务业逐渐取代制造业成为推动城镇化的主动力。新经济、新业态、新动能不断涌现，一些城市抓住机遇，实现了崛起，但是还有一些城市出现衰退，城市竞合关系发生改变。

（一）部分城市在产业转型升级中面临衰退风险

一些城市面临人口持续减少的严峻情况，1/6 的城市行政区常住人口减少，1/7 的城市城区常住人口减少。特别是一些中小城市传统产业比例高，转型困难，经济发展乏力，人口流失形势严峻。99% 的人口减少城市是中小城市。2010—2016 年行政区常住人口减少的 112 个城市中，城区常住人口 100 万人以上的大城市只有 1 个。其余都是城区常住人口 100 万人以下的中小城市。城区常住人口减少的 90 个左右城市中，几乎都是中小城市。东北地区的一些城市，特别是资源枯竭型城市，产业转型阵痛凸显，接续替代产业培育步伐缓慢，也减弱了产业对就业的带动能力。在行政区常住人口减少的 112 个城市中，位于东北地区的城市多达 57 个，占东北地区城市总数的比例高达 63%，占人口减少城市的比例高达 51%，所减少人口多数流向东部地区城市。

（二）新经济发展加剧了城市间的分化

城镇化实现了人口在城市的高度集聚，也形成了对科技产品的巨大需求，进而推动技术变革，让城市成为创新的增长空间。新型技术手段与城镇化的结合更加紧密，满足了城镇化进程中人口的多元化需求。一部分城市人口规模大，集聚效应强，新经济发展产生规模效益，形成了新动能，既提升了城市服务水平，也促进了城市经济发展。然而，仍有部分城市治理理念不先进、治理体系不健全，部分城市对新经济模式发展缺乏有效应对手段、创新能力和动力相对不足、竞争力减弱。另外，机器换人、人工智能等技术进步趋势对劳动力的就业技能提出更高要求，劳动者技能与岗位需求不匹配的问题凸显，这也将深刻影响城镇就业吸纳能力和就业结构，使得农业转移人口进城面临挑战。

四、区域经济格局进一步分化对优化城镇化布局带来新挑战

当前，我国区域发展出现了一些值得关注的新情况新特点：区域经济发展分化态势明显，发展动力极化现象日益突出，经济和人口向大城市及城市群集聚的趋势比较明显。

（一）区域经济发展呈现分化态势

经济增长速度呈现西快东慢、南快北慢的特征。2019 年中部和西部地区 GDP 增长速度分别为 7.3% 和 6.7%，分别比东部地区高 1.1 个和 0.5 个百分点，而东北地区的 GDP 增速仅为 4.5%。分省份看，2019 年 GDP 增速快于 8% 的只有 4 个省份，其中：中部省份 1 个，西部省份 3 个（见图 4–7）。从西部的 12 个省份看，西南的四川、云南、贵州、西藏等省份的 GDP 增速高于西北的宁夏、甘肃、新疆、青海、陕西和内蒙古等省份的 GDP 增速。

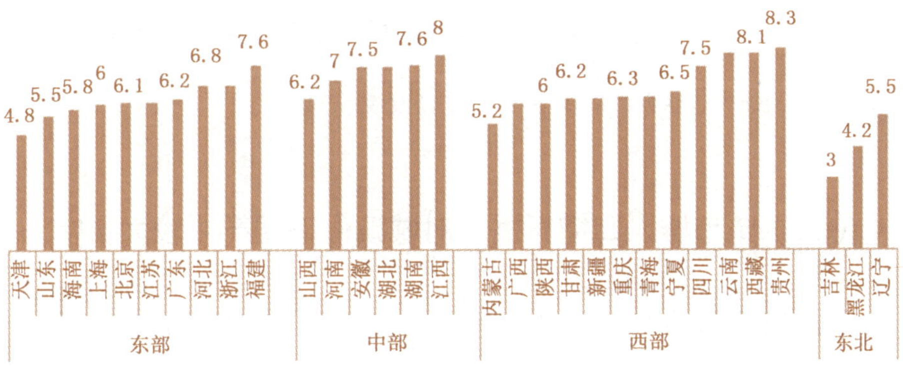

图 4–7 2019 年分区域分省份 GDP 增速（单位：百分点）

数据来源：2019年各省份国民经济和社会发展统计公报。

经济增长呈现分化的同时，城镇化增长速度出现分化。在 31 个省份中，城镇化速度超过 1 个百分点的有 13 个，其中：东部 2 个，中部 5 个，西部 6 个，而西南的四川、贵州的城镇化增速超过了 1.5

个百分点（见图 4–8）。

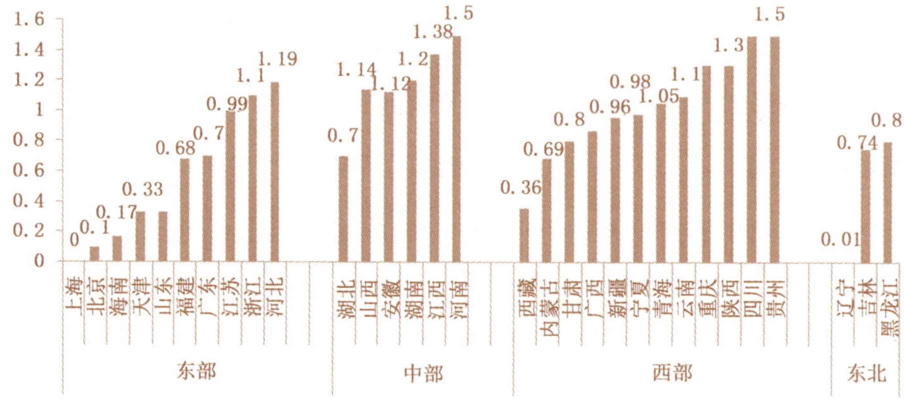

图 4–8　2019 年分区域分省份城镇化提高速度（单位：百分点）

数据来源：2019年各省份国民经济和社会发展统计公报。

（二）城市群人口增长格局对城镇化格局产生较大影响

我国城市群发展水平差异较大。东部沿海地区的京津冀、长三角和珠三角三大城市群，以 5.1% 的国土面积，集聚了近 25% 的人口，创造了近 40% 的 GDP。中西部及东北城市群发展相对滞后，一些西部省会城市经济体量偏小，整体辐射带动作用不足，像兰州—西宁城市群人口不到 2 000 万，宁夏沿黄、天山北坡城市群人口不到 600 万。区域经济分化将导致人口进一步向优势区域集聚，可能加剧中西部及东北部分城市群集聚经济和人口的难度。

五、老龄化社会到来对城市发展提出诸多新命题

（一）人口老龄化加速将减弱城市创新活力和动力

习近平总书记强调，我国是世界上人口老龄化程度比较高的国家之一，老年人口数量最多，老龄化速度最快[1]。2019年，中国60岁以上人口占比和65岁以上人口占比分别达到了18.1%和12.6%，超过了国际上对老龄化的标准（见专栏4-3）。预计到2025年和2030年，60岁以上人口和65岁以上人口占比将进一步提高到20%和25%，老龄人口增加到3亿和3.6亿。

》专栏 4-3

国际组织关于老龄化的标准

1956年联合国《人口老龄化及其社会经济后果》确定的划分标准，当一个国家或地区65岁及以上老年人口数量占总人口比例超过7%时，意味着这个国家或地区进入老

[1] 在十八届中央政治局第三十二次集体学习时的讲话（2016年5月28日），《人民日报》2016年5月29日。

龄化。

1982 年维也纳老龄问题世界大会确定，60 岁及以上老年人口占总人口比例超过 10%，意味着这个国家或地区进入严重老龄化。

世界卫生组织（WHO）定义，一个国家 65 岁以上的人口占总人口的 7% 以上即称为老龄化社会（aging society），达到 14% 即称老龄社会（aged society），达到 20% 则称超老龄社会（hyper-aged society）。

——《当超级老龄化遇到超级城市化》，《社会科学报》第 1556 期

（二）人口老龄化限制了劳动力充足供给

2019 年全国农民工总量达到 2.9 亿人，平均年龄为 40.8 岁，相比 2008 年的 34 岁，有较大幅度上升。2019 年 50 岁以上农民工占比为 24.6%，比 2010 年提高了 11.7 个百分点，提升幅度较快（见图 4-9）。农民工年龄结构“年轻化”优势逐步减弱，意味着农民工中青壮年劳动力供给逐步减少，这不仅会减弱城市创新活力和动力，也将对依靠低成本劳动力推动经济快速发展的传统模式提出挑战。

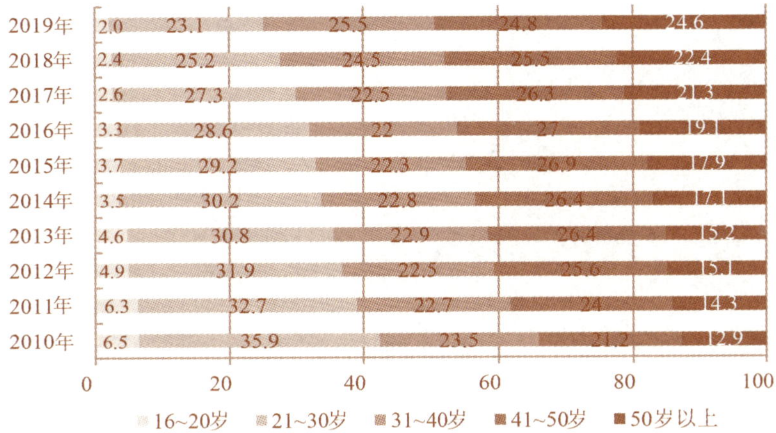

图 4-9 2010—2019 年农民工年龄结构（单位：%）

数据来源：国家统计局2010—2019年《农民工监测调查报告》。

（三）人口老龄化给城市服务、治理和建设提出了新要求

伴随老龄化的不断加深，老年人对于医疗保健、康复护理等服务的刚性需求日益增加。中国有近1.9亿名老年人患有慢性病，失能、部分失能老年人 4 000 多万。老龄化使得当前养老和健康服务的供需矛盾更加突出，明显加大了社会保障和公共服务压力。老龄化背景下，社会治理重心将向基层社区下移，治理难度加大。老龄化进程与城镇化、家庭小型化、空巢化相伴随，与经济社会转型期各类矛盾相交织，流动老人和留守老人规模不断增加，越来越多的家庭面临照料者缺失的问题。适应老年人对服务和产品的多样化需求，对城市设施的适老化改造建设、对塑造具有良好的康养和居住空间的城镇空间也提出了新要求。

第四节

当前我国城镇化进程中存在的突出问题

在我国城镇化快速发展过程中，不同区域、不同层级和规模的城市城镇化发展水平还不均衡，部分东部沿海地区和一些特大超大城市城镇化水平已经进入成熟阶段，而中西部地区城镇化发展还不充分。农业转移人口市民化质量、城市群和都市圈一体化水平、城市规划建设水平不高，城镇化转型缺乏激励机制，城市治理机制不健全等问题必须高度重视并着力解决。

一、户籍制度改革未完全落地，农业转移人口市民化质量不高

2019 年，我国常住人口城镇化率为 60.6%，户籍人口城镇化率

却只有44.38%，仍有大量在城市就业居住的农业转移人口尚未落户。新冠肺炎疫情暴发初期正值春运，大规模的人口流动加剧了病毒的传播，有些地方将外地人视为“隐患”，把非户籍和无自有房产者拒之于外，导致流动人口进退两难、无家可归，进一步凸显了加快推动农业转移人口市民化、提高市民化质量的紧迫性。

（一）农业转移人口落户门槛仍较高

一方面，部分城市面向普通劳动者的落户限制仍然较多。相较于受地方政府关注的人才引进，农业转移人口市民化“玻璃门”“暗门槛”现象仍然存在。一些要求全面放开落户限制的地区仍然存在限制落户政策，在落户条件上对购房、学历等条件要求较高，一些特大城市及外来人口密集地区以“指标分值+落户指标”构筑农民工落户的高门槛，存量农业转移人口户口问题难以解决。另一方面，部分就地转户农业转移人口市民化质量不高。在就地转户农业转移人口中，有很大比例是因城乡属性调整及城中村改造等转为城镇户籍，并未改变原有的生产生活方式，仍不能真正享受到城镇的公共服务、办事便利。

（二）居住证未能根本解决常住人口基本公共服务均等化问题

《居住证暂行条例》的实施，保障了居住证持有人享有6项基本公共服务和7项便利。但在一些城市，未落户常住人口无法享受除此之外的更多基本公共服务，与城市居民比较还有一定差距。另外，有些地方居住证管理和配套政策不完善，居住证申领条件存在“隐性限制”，持有人用居住证享有服务无法实现无缝对接。从中长期来看，居住证制度尚不能从根本上保障农业转移人口享有均等的公共服务，如何与户籍制度衔接也亟待破题。

（三）农村“三权”退出机制不健全影响落户意愿

农村相关权益保障机制还不健全，农村土地承包权、宅基地使用权、集体收益分配权等合法权益资本化和退出通道不畅，很多农民因担心失去农村土地权益而不愿意进城落户。根据近年来有关调查研究和2019年访谈情况，农民工愿意在城镇落户的比例不到1/4，远远低于在城镇定居的意愿。尤其是老一代农民工乡土情结浓厚，对取得城市户籍后农村“三权”是否会变存在担忧，导致不愿意落户。

二、公共资源分配方式滞后，城镇化转型缺乏激励机制

农业转移人口市民化的相关体制机制不完善，配套政策落实不到位，对城市吸纳更多农业转移人口激励保障力度不够。

（一）公共资源分配与人口转移不匹配

我国财政转移支付、城镇建设用地指标、机构编制等仍根据城市等级和户籍人口分配，对常住人口因素考虑较少，人口流入多的

城市为非户籍农业转移人口提供子女教育、医疗保障、住房保障等面临较大压力。大城市或流入人口较多城市公办学校普遍面临校舍狭小、用地紧张、教师编制不足等问题，公办医院尤其是一些专科医院床位不足，医生编制短缺，人才队伍难以充实。同时，一些人口流入较多的城市保障性住房数量有限，申请前置条件较多，外来人口很难申请成功，2018 年进城农民工中租赁公租房的仅占 1.3%、自购保障性住房的仅占 1.6%。

（二）“人地钱挂钩”政策作用未充分发挥

一方面，“人钱挂钩”力度不够，中央和省级财政农业转移人口市民化奖励资金总体较少。2019 年，有 1 400 多万农业转移人口落户城镇，国家下达中央财政市民化奖励资金 300 亿元，人均仅 2 100 元，其中落户人数最多的省份获得中央财政市民化奖励资金 25.82 亿元，新落户农业转移人口人均仅为 1 100 多元，占当地市民化成本的比例较小，对城市政府的激励作用不大。另一方面，“人地挂钩”不紧密，一些省份新增建设用地指标主要对应的是重大建设项目，没有与城市新增农业转移人口数量相匹配。

三、城市群治理机制不健全，一体化水平不高

城市群和都市圈内部，各城市按照行政区进行管理，与经济区的范围不完全吻合，城市群一体化发展处于初级阶段，加之行政区

划调整相对滞后，协同治理的体制机制尚未建立，要素资源的高效配置受到较大掣肘。

（一）城市群一体化程度不高

城市群和都市圈是城市之间经济和市场联系不断深化形成的。在特定区域，以超大或特大城市为核心，依托地域毗邻、经济相融、文化相通等条件，形成了一些横跨不同省份、市域行政区域的城市群，通过城市群内部不同城市功能的有效分工、资源的高效利用，实现规模聚集效应。但我国城市群的发展，由于受“行政区经济”的影响，各个城市发展各自为政，行政壁垒严重，规划政策协调难度大，阻碍了资源要素的自由流动和跨地区的经济合作，导致城市群一体化程度不高。城市群内部基础设施建设衔接不足，“断头路”仍然很多，共享共建合作难度大。城市间尚未形成合理的功能分工，产业同质化竞争比较严重。基本公共服务一体化虽然在制度上出台了一些配套政策，但落实起来困难较多。区域生态环境保护形势较为严峻，环保一体化进程有待加快。

（二）行政区划设置与城镇化进程不相适应

一是城市数量与城镇人口规模不匹配。2019 年，我国仅有 684 个设市城市，还有 2 万多个建制镇，很多镇的人口达到甚至超过了一些城市的水平，却仍然实行镇级行政管理体制。二是行政区划设置滞后于人口的空间分布趋势。改革开放以来，人口从内地流向沿海，从中小城市向中心城市辖区集中，极大地改变了人口分布格局。但是，传统的以行政区划为主导的公共服务供给机制给人口集中流入地区解决公共服务供给带来挑战。三是以行政区划边界为基础的城市管理体系固化了地区间、城市间的利益关系，导致地方保护和恶性竞争，阻碍城市群和都市圈一体化发展，降低了资源要素利用效率。

（三）城市群治理机制不健全

城市群一体化发展加强了城市间政治、经济、社会、文化、生态等多领域合作，但一体化的深层次问题尚未真正触及，城市群治理机制还不健全，制度瓶颈仍是很多城市群一体化发展的最大制约，规划不协调、一体化机制执行力不强、利益协调分配机制缺乏、政府间合作协议约束力较弱、政策法规难以对接等问题普遍存在。

四、城市发展理念滞后，城市规划建设水平不高

城市建设理念更新不及时，规划建设水平还存在明显不足，“城市病”普遍存在，环境污染、交通拥堵、停车困难等问题比较突出。

（一）城市发展理念滞后

在城市发展中，重建设、轻治理，重速度、轻质量，重眼前、轻长远，重发展、轻保护，重地上、轻地下，重新城、轻老城，

盲目扩张、“逢雨必涝”等现象屡见不鲜。部分城市一味“大拆大建”，不重视城市发展的可持续性。对新型城市建设理念认识不够充分，创新城市、智慧城市、韧性城市等先进理念没有得到重视和落实。

（二）城市规划建设水平不高

城市规划的总体约束性和前瞻性还不强。城镇建设内容与居民需求错位，教育、卫生、文化、体育等基本公共服务不配套，给市民带来极大不便。一些城市建设风格单调，缺乏特色；一些城市贪大求洋，追求视觉效果；一些城市漠视历史文化保护，毁坏城市古迹和历史记忆；建筑市场混乱和建筑质量低下等问题比较严重。

（三）城市对安全健康生态问题不够重视

很多城市规划和建设缺少对突发公共卫生事件的关注和重视，建设运营维护标准无法有效防范和应对重大公共卫生事件，城市公共空间和公共设施规划建设没有充分考虑应对卫生健康事件的潜在需求。城市规划和建设中普遍存在应急标准缺位、安全意识不高、系统性不足等问题。许多城市提出建设生态城市口号，但思路却是大树进城、开山造地、人造景观、填湖填海，只追求视觉效果，忽视真正的生态效益。

五、城市治理机制不健全，处理突发事件能力不足

随着城市规模快速扩张和城镇人口快速增长，城市治理难度和社会风险越来越大，城市政府缺乏对社会治理的前瞻谋划，现代化治理能力不足，突发安全事件时有发生。

（一）城市治理体系不健全、机制不顺畅

一些城市管理缺少系统设计，权责划分不清晰，“多龙治水”乱象依然存在。同时，城市欠缺高效预防和应对自然灾害、疫情险情、重大公共事件的制度体系和工作机制，在面临重大传染疾病、火灾、坍塌等公共安全突发事件时反应迟缓、应对不当，甚至影响社会稳定。

（二）行政力量占主导、社会组织缺位，以市民为核心、多元共治的格局尚未形成

基层政府资源缺乏，服务意识薄弱，管理能力不强，专业化不足。社会组织发育不充分，可持续发展能力不足，治理参与度有限。人民群众参与渠道不畅，没有得到有效的动员和组织，多元主体共同参与社会治理的活力没有得到充分释放。

（三）现代技术手段运用不够，城市治理精细化不足

很多地方智慧城市建设停留在基础设施建设或者政务平台建设上，缺少便民的智慧化应用。部门间各自开发建设的平台难以整合，数据分析及应用存在“孤岛化”现象，大数据指导城市治理的效益没有得到充分发挥。很多城市在新冠肺炎疫情防控期间仍主要沿用人工加网格的方式，治理范围有限、效率低下。

六、城乡发展不平衡，以城带乡作用尚未充分发挥

我国城乡关系正在发生新的变化，城乡融合发展的趋势正在显现，但由于城乡发展差距较大，体制机制改革滞后，阻碍了城乡深度融合发展进程。

（一）城乡发展差距较大

乡村底子薄、发展滞后，城乡居民收入差距较大。2019 年，农村居民人均可支配收入仅为城镇居民的 38%。近年来，城乡收入比缩小幅度逐渐收窄，农民持续增收面临比较大的挑战。现代化农业产业体系尚不健全，生产体系、经营体系和组织体系还不完善，农业的产业链条短、附加值低、竞争力弱，农业农村经济增长仍然相对滞后。

（二）城乡公共资源配置仍不合理

农村基础设施和公共服务设施的历史欠账仍然较多，短板依旧突出。城乡基础设施一体化水平还不够高，基本公共服务均等化水平仍存在较大差距。比如，城市污水、生活垃圾处理率分别是95%、97%，而农村仅为22%、60%。城市每千人卫生技术人员数为10.9人，农村仅为4.6人。城乡教育在学校布局、师资力量、设施配备上不均衡，乡村人口受教育水平和教育质量低于城市居民。

（三）城乡要素流动仍然存在障碍

一是城乡劳动力自由流动限制仍然较多。从城市看，相当一部分具备落户条件的农业转移人口无法在城镇落户，也无法平等享有城镇基本公共服务。从乡村看，农村仍相对封闭，城市居民落户乡村面临严格限制。二是城乡统一的建设用地市场尚未建立。农村土地无法通过市场充分流转，土地增值收益在城乡之间分配不合理，导致农民和村集体的利益难以保障。三是城乡金融资源配置严重失衡。农村金融服务供给严重不足，城乡金融网点占有率和覆盖率差距较大，资金价格不平等，贷款难、贷款贵等现象长期存在，农村征信体系缺乏，农业经营性主体信贷可获得性较差，投融资环境不理想。

学习贯彻习近平新时代中国特色社会主义经济思想
做好"十四五"规划编制和发展改革工作
| 系列丛书 |

第五章

以习近平新时代中国特色社会主义经济思想指导做好新型城镇化工作

2020 年是全面建成小康社会和“十三五”规划收官之年。潮平两岸阔，扬帆再启航。面向“十四五”时期新形势新要求，要深入贯彻落实党的十九大和十九届二中、三中、四中全会精神，以习近平新时代中国特色社会主义思想为指导，深入贯彻落实习近平总书记关于新型城镇化的重要论述，坚持以人民为中心的发展思想，坚持新发展理念，坚持推动高质量发展，以供给侧结构性改革为主线，以振兴实体经济和扩大内需、培育形成强大国内市场为重要抓手，紧紧围绕人的城镇化这个核心、提高质量这个关键，遵循客观规律、加强顶层设计，推动农业转移人口全面享有基本公共服务，推动城镇化空间布局和形态持续优化，推动城市发展更加注重安全生态健康，推动城市治理能力现代化，促进中国特色新型城镇化持续健康发展、城乡融合水平不断提升、人民群众获得感和幸福感持续增强，为决胜全面建成小康社会、乘势而上开启全面建设社会主义现代化国家新征程提供坚实有力支撑。

第一节

提高农业转移人口市民化质量

农业转移人口市民化关乎亿万人民群众民生福祉，要认真贯彻落实党中央、国务院决策部署，聚焦在城镇稳定居住就业的存量农业转移人口等重点群体，紧盯人口承载能力较大的重点地区，紧抓可调动城市政府和农业转移人口积极性的重点领域，推动农业转移人口及其随迁家属便捷落户，切实提高农业转移人口市民化质量。

一、持续深化重点城市户籍制度改革

督促城区常住人口 300 万以下城市坚决贯彻《中共中央办公厅 国务院办公厅关于促进劳动力和人才社会性流动体制机制改革的意见》，尽快放开落户条件，破除各类隐形落户门槛，进一步促进劳动力和人才社会性流动。推动城区常住人口 300 万 ~ 500 万城市实

施就业和居住年限准入制落户政策，逐步取消其落户限制。进一步放宽除个别超大城市外的特大超大城市落户条件，精简特大超大城市积分落户项目，大幅提高居住、就业、社保缴纳年限积分所占比重，取消积分落户数量限制。探索都市圈内城市积分年限互认。增加外来人口占比较多的特大超大城市居住证发放量，提高居住证含金量。引导城市政府简化户籍迁移手续，强化落户政策宣传解读，建立线上申请审核系统，有效提高落户便利度。完善利用大数据技术建立各城市城区常住人口等的常态化统计机制，为政策制定提供支撑。

二、推动常住人口充分享有城镇基本公共服务

出台国家基本公共服务标准，强化重点领域基本公共服务保障水平。加快建立基本公共服务与常住人口挂钩机制，推进城镇基本公共服务由主要对本地户籍人口提供向对常住人口提供转变。增加人口流入较多城市的教育投入和中小学教师编制，推动随迁子女在流入地享有普惠性托育和学前教育，研究建立义务教育生均公用经费基准定额动态调整机制，完善随迁子女在流入地参加升学考试政策。运用信息化手段建设便捷高效的公共服务平台，大力提高社保跨制度、跨地区转移接续效率，加快养老保险全国统筹进度，完善基本医疗保险跨省异地就医医疗费用直接结算制度。进一步扩大公租房、租赁补贴和住房公积金对农业转移人口覆盖范围，健全公租

房退出机制，通过盘活城市存量资产等方式改善农民工居住条件。提高城市包容度，依托社区服务中心、群团组织、社会组织等，帮助农业转移人口及其随迁家属快速适应城市生产生活，丰富其精神文化生活，适当提高各级党代会代表、人大代表、政协委员中农业转移人口比例，推动农业转移人口全面融入城市文明。

三、提升农业转移人口就业技能

进一步完善职业教育和技能培训的体制机制，整合职业教育和培训资源。瞄准产业发展需求，聚焦先进制造、家政服务、养老护理等用工矛盾突出的行业，以企业特别是规模以上企业和吸纳农民工较多的企业为培训主体，以新生代农民工等农业转移人口为培训对象，广泛开展政府补贴的职业技能培训，显著提高农业转移人口就业竞争力。强化农业转移人口职业道德培养，着力塑造劳动者工匠精神。健全技能人才评价、激励制度，加快建立职业技能与薪资待遇挂钩机制。完善并落实农民工等群体报考职业院校的政策，调整培养模式和学制，为农民工提供再学习机会。引导企业、行业协会深入参与中高职院校、各类技能培训机构的课程设置和教学过程，推动职业院校通过“校企结合”“工学结合”等方式，进行“订单式”人才培训。继续推进“五年一贯制”职业教育试点工作。加大职业技能培训和职业教育宣传力度，营造良好的学训氛围。推进公办职业院校和技能培训机构混合所有制改革，支持企业和社会力量举办高质量职业教育和培训，推进职业技能实训基地建设。

四、进一步完善“三挂钩一维护”等配套政策

完善中央政府与地方政府分担市民化改革成本的体制机制，提高城市政府吸纳农业转移人口落户积极性。加大中央财政农业转移人口市民化奖励资金额度，突出跨省落户人口数量在奖励资金分配中所占比重，推动省级政府配套市民化奖励资金。完善财政转移支付与常住人口挂钩机制。实施城镇建设用地增加规模与吸纳农业转移人口落户数量挂钩政策，保障农业转移人口在城镇落户的合理用地需求，提高“人地”挂钩精准度。强化人口流入较多城市的市政设施、教育医疗等公共服务设施用地保障。坚决维护农民土地承包权、宅基地使用权、集体收益分配权，不得将退出上述权益作为农民进城落户条件，建立健全进城落户农民自愿有偿退出上述权益的具体办法，充分调动农民进城落户积极性。

第二节

构建多中心多层级多节点城市群体系

按照统筹规划、合理布局、分工协作、以大带小的原则，建立完善跨区域城市发展协调机制，强化城市群和都市圈的主要平台作用，使之成为支撑全国经济增长、促进区域协调发展、参与国际竞争合作的重要平台。

一、完善城镇化战略格局

深入实施主体功能区战略和区域协调发展战略，考虑发展基础和潜力，顺应各地区比较优势变化和产业转移、人口流动趋势，增强中心城市和城市群经济和人口承载能力，推动以县城为重要载体的新型城镇化建设，加快形成“两横三纵”城镇化战略格局。完善城镇化空间动力机制，以城市群为高质量发展动力源，推进城市群间东西联动、南北互济，推动城市群内核心城市与周边城市（镇）协同，形成中心城市引领都市圈、都市圈辐射城市群、城市群带动非城市群地区功能实现的发展局面。促进要素产业布局与城镇化空间匹配，优化重大基础设施建设、重大生产力布局和公共资源配置，促进产业集群与城市群匹配交融。

二、分类推动城市群发展

以破除制约各类资源要素在城市间、省域间自由流动和高效配置的体制机制障碍为重点，培育形成带动全国高质量发展的城市群，为推动形成优势互补、高质量发展的区域经济布局提供动力源。推动京津冀协同发展、长三角区域一体化发展、粤港澳大湾区建设，提升配置全球要素和创新策源能力，扩大国际竞争优势，建设世界一流城市群。推动京津冀建设以首都为核心的世界级城市群，在引领和支撑全国经济社会发展中发挥更大作用。推动长三角建设具有全球影响力的世界级城市群，建成引领我国发展的强劲活跃增长极。推动珠三角建设富有活力和国际竞争力的一流湾区和世界级城市群，打造高质量发展的典范。推动成渝地区双城经济圈建设，加快建设长江中游、中原、山东半岛、海峡西岸、关中平原、辽中南、北部湾等城市群，着力夯实产业基础，增强科技创新能力，助推全国经济效率整体提升，建成高质量发展的新动力源。增强哈长、兰州—西宁、呼包鄂榆、山西中部、滇中、黔中、宁夏沿黄、天山北坡等城市群的人口经济承载能力，打造区域协调发展的重要支撑，促进周边地区更好实现生态安全、粮食安全等方面的保障功能。

优化城市群内部空间结构，形成多中心、多层级、多节点的网络型城市群结构。结合区位条件和资源禀赋，科学确定各城市发展定位，形成功能错位互补、产业分工协作的格局。深化城市间分工协作和功能互补，建立健全一体化发展多层次协调机制，围绕重点领域建立完善专项推进机制，促进市场监管统一互认、基础设施互联互通、公共服务共建共享、生态环境共保共治。提高资源利用效率和管理服务水平，避免重复建设、过度竞争。

强化交通运输设施网络支撑，大力提升城市群交通运输效率。依托“十纵十横”全国综合运输大通道，强化城市群间高速铁路、高速公路、航空等快速交通联系，支撑城镇化战略格局。城际人流物流强度较高的城市群，要适度超前建设城际铁路网，其他城市要充分利用既有铁路开行城际列车、满足城际客运需求，合理预留城际铁路线路。完善城市群高速公路网络，改扩建瓶颈路段，提升通行能力。深化空域管理体制改革，合理布局支线机场，大力发展通用航空。加快完善冷链等各类物流设施，降低城际物流成本，提高城际物流效率。优化综合交通枢纽布局，完善集疏运条件，提升一体化服务功能。

三、促进中心城市带动都市圈发展

依托超大特大城市或辐射带动功能强的大城市，以促进中心城市与周边城市（镇）便捷通勤、同城化发展为方向，优化空间开发格局，培育发展一批具有全球影响力的现代化都市圈。推动中心城市产业高端化发展，夯实周边中小城市制造业基础，促进城市间功能互补、错位发展，形成梯次布局、各具特色的都市圈产业格局。引导中心城市以科技研发、工业设计、金融服务、文化创意、金融会展等为重点发展生产性服务业，形成以现代服务经济为主的产业结构。引导周边城市（镇）积极承接中心城市产业转移，加快制造业特色化、集群化发展，形成以先进制造为主的产业结构。加快都市圈统一市场建设，促进公共服务共建共享，实施行政审批联通互认，创新毗邻地区社会治理，推动市政基础设施统筹布局、合理衔接和一体化运营。鼓励中心城市牵头构建常态化协商机制，支持条件成熟的都市圈编制发展规划和重点领域专项规划，探索依托通勤大数据界定都市圈范围。

完善以轨道交通为骨干的都市圈交通网络布局，便利中心城市城区与新区新城、周边城市（镇）人员通勤，建设1小时通勤圈。大力发展市域（郊）铁路，优化城际铁路线路和站点设置，探索中心城市轨道交通适当向周边城市（镇）延伸，创新运输服务方式，探索都市圈轨道交通运营管理“一张网”。合理加密快速公路通道，实施城际“断头路”畅通工程和“瓶颈路”拓宽工程，全面取缔非法路障，优化郊区公交线网，推动城际公路市政化、城际客运公交化。布局建设集多层次轨道交通与公路、公交衔接一体的综合客运枢纽，实施枢纽和站点周边土地综合开发，推动交通与城市融合发展。

第三节

分类促进大中小城市和小城镇协调发展

坚持多元化发展，优化城镇规模结构，增强中心城市辐射带动功能，加快发展中小城市，有重点地发展小城镇，促进形成疏密有致、分工协作、功能完善的城镇空间格局，促进大中小城市和小城镇协调发展。

一、引导超大特大城市瘦身健体

超特大城市要立足城市功能定位，在发挥经济规模效应的同时，以资源环境承载能力为硬约束，倒逼城市减量发展，推动瘦身健体、减量增效，率先形成高质量集约发展路径，积极破解“大城市病”。有序疏解中心城区一般性制造业、区域性专业市场和物流基地等功能，以及过度集中的医疗和教育等公共服务资源。优化城市空间开发格局，合理控制中心城区开发强度和人口密度，防范城市无序蔓延与过度集聚，建设产城融合、职住平衡、生态宜居、交通便利的郊区新城，实现多中心、组团式发展。加快集聚创新要素，提升在全球范围配置资源要素的能力，推动产业升级，提高经济密度，增强国际交往、科技创新、文化创意等高端服务功能，率先形成以现代服务业为主的产业结构。补足在公共服务设施、城市人居环境品质等方面的短板，提升综合能级与国际竞争力。

二、提升大中城市功能品质

促进大中城市主动承接超特大城市产业转移和功能疏解，夯实实体经济发展基础。立足区域特色资源和产业基础，推动大中城市差异化定位和制造业规模化、特色化、集群化发展，增强专业服务功能，因地制宜形成先进制造业基地、商贸物流中心和区域专业服务中心。推动公共资源配置向大中城市倾斜，增加优质教育、医疗、文化体育资源供给，提高大中城市基本公共服务标准，提升城市承载能力。

三、推进县城城镇化补短板强弱项

加快县城和县级市城区城镇化建设，推动农业转移人口就地就近城镇化。推进县城城镇化补短板强弱项。大力提升县城公共设施和服务能力，满足农民日益增加的到县城就业安家需求。围绕公共服务设施提标扩面，优化医疗卫生设施、教育设施、养老托育设施、文旅体育设施、社会福利设施和社区综合服务设施。围绕环境卫生设施提级扩能，完善垃圾无害化资源化处理设施、污水集中处理设施和县城公共厕所。围绕市政公用设施提档升级，推进市政交通设施、市政管网设施、配送投递设施、老旧小区更新改造和县城智慧化改造。围绕产业培育设施提质增效，完善产业平台配套设施、冷链物流设施和农贸市场。

四、积极支持小城镇发展

推动中心城市周边小城镇通过规划独立城市组团、整体纳入中心城市等多种方式融入都市圈发展。推动区位优越、资源丰富、产业基础良好的小城市和特色镇聚焦主导产业，突出特色服务，不断提升城镇综合功能，发展培育商贸物流、文化旅游、资源加工、特色产业型城镇。加快培育新生中小城市，有序推进撤县设市和具备条件的特大镇改市，探索大部门制、扁平化等行政成本低的设市模式。以下放事权、扩大财权、改革人事权及强化用地指标保障为重点，推进经济发达镇行政管理体制改革。

五、规范发展特色小镇

强化底线约束，严格节约集约利用土地、严守生态保护红线、严防地方政府债务风险、严控“房地产化”倾向，进一步深化淘汰整改。强化政策激励，加强用地和财政建设性资金保障，鼓励省级政府通过下达新增建设用地计划指标、设立省级专项资金等方式择优支持，在有条件区域培育一批示范性的精品特色小镇和特色小城镇。强化正面引导，制定特色小镇发展导则，挖掘推广全国特色小镇典型经验。

第四节

促进城市更加健康安全宜居

优化城市发展理念，走内涵式、集约型、绿色化的高质量发展路子，合理安排生产、生活、生态空间，提高城市人口和经济承载能力，建设宜业、宜居、宜乐、宜游的城市环境，实现城市可持续发展。

一、打造和谐舒适的宜居城市

按照不同城市城区常住人口规模，科学配置公共资源，优化城市生活品质，提升居民生活幸福感。

（一）完善市政公用设施

健全综合智能安全的立体化现代化城市交通系统，积极推进城市轨道交通建设。健全城市路网系统，完善公交专用道、非机动车和行人交通系统、行人过街设施。合理布局建设城市停车场和立体车库。有序推进电力、通信、给排水、供热、燃气等城市地下管网综合管廊模式，完善城市排水与和洪涝防治体系。按照“厂网配套、泥水并重”要求，建设污水集中处理设施。完善垃圾无害化资源化处理设施。

（二）提升公共服务水平

根据经济社会发展状况和财力水平，逐步提高城镇居民基本公共服务水平，在学有所教、劳有所得、病有所医、老有所养、住有所居上持续取得新进展。按照不同城市城区常住人口规模、增长趋势和空间分布，科学统筹布局学校、医疗卫生机构、文化体育场所。优化社区生活服务网络，扩大普惠性养老、幼儿园和托育服务供给，扩充养老服务机构护理型床位数，发展婴幼儿综合性托育服务，引导社会力量积极参与。创新公共服务供给方式，引入市场机制，扩大政府购买服务规模，实现供给主体和方式多元化。

（三）优化城市生活品质

按照生产空间集约高效、生活空间宜居适度、生态空间山清水秀的要求，形成生产、生活、生态空间的合理结构，构建以人为尺度的生产和生活社区，提高城市的宜居性。全面推动城市更新，更多采用微改造的“绣花”功夫，提升城市人居环境质量。改造老旧小区，完善基础设施和公共服务配套，引导发展社区便民服务。改造老旧厂区，通过活化利用工业遗产和发展工业旅游等方式，将“工业锈带”改造为“生活秀带”、双创空间、新型产业空间和文化旅游场地。改造老旧街区，引导商业步行街、文化街、古城古街打造市民消费升级载体，因地制宜发展新型文旅商业消费聚集区。改造一批城中村，探索在政府引导下工商资本与农民集体合作共赢模式。

二、打造安全灵敏的韧性城市

加强城市免疫性、冗余性建设，提升城市抵御冲击和应急保障能力，推进城市安全发展。

（一）提升城市系统免疫能力

加强城市防洪、防风、防冰雪、抗震、消防、排水防涝等设施建设，提高城市建筑灾害设防标准。合理规划布局建设应急避难场所、方舱医院等，建立安全、可靠的应急基础设施体系。推进综合医院和疾控中心提标改造，完善公共卫生服务和疾病预防控制体系，健全公共卫生重大风险研判、评估、决策、防控协同机制，完善重大疫情预警、救治和应急处置机制，提升平战结合能力。加大城市生态修复和环境保护力度，补齐公共卫生源头短板。整治城市环境卫生死角，建立严格检疫、定点屠宰、冷鲜上市的畜禽产品供应体系。

（二）加强应急物资保障管理

加强粮食、水、能源、药品、防护品等重要物资储备保障，健全重要物资收储、清查、调配机制。完善交通物流、市政能源、信息通信等生命线工程，建设分布式能源资源系统，配备移动公共设施模块，提高各系统冗余度和灵活性。建立健全城市群、都市圈城市联防联控机制，优化重要物资产能结构和区域布局，推动产能互补、资源互助、信息互通。

（三）健全应急防控救援体系

完善重大风险监测、研判、预警、决策、防控协同机制，规划建立各类灾害应急预案和可替代预案，实行城市“全周期管理”。加强新型信息技术在灾害监测和分析中的应用。建立专业化、职业化的救灾救援队伍，健全统一指挥、专常兼备、反应灵敏、上下联动的应急救助体系，强化重大灾害行政问责制。夯实社区应急防控基础性作用，积极发挥社会力量在应急管理中的作用。

三、打造运行高效的智慧城市

全面推进新型智慧城市建设与城市发展战略深度融合，更高水平满足人民对美好生活的向往，更高质量助力经济转型创新发展，更高效率提高城市管理和社会治理水平。

（一）前瞻布局新型基础设施

建设5G、物联网等新一代信息连接网络和计算存储平台，推进城市电力、燃气、交通、水务、物流等公用基础设施智能化改造。推动建设智能化能源生产消费基础设施，推进智慧电网和智能水务管理系统建设。健全交通诱导、出行信息服务、公共交通、综合客运枢纽、综合运行协调指挥等智能系统。建设智能物流信息平台和仓储式物流平台枢纽。健全防灾减灾预报预警信息平台，推动大数据、人工智能等技术在监测预警、分析决策、远程救治等方面应用。

（二）推动政务与社会治理智慧化

建立健全运用互联网、大数据、人工智能等技术手段进行行政管理的制度规则，推进社会治理智能化发展，提高城市治理效能。通过信息化手段建成反应快速、预判精准、综合协调的一体化城市运行管理体系，推进城市运行“一网统管”、政务服务“一网通办”。建设城市大数据中心和智慧城市运行管理中心，构建信息开放集成环境，支撑跨部门跨领域信息共享和业务协调。推进社会治理网格化管理，在社区治理、市场监管、环境监管、治安防控等领域，加强数据统计和信息应用，完善信息服务体系，支撑城市健康高效运行和突发事件快速智能响应。

（三）推进公共服务便捷可及

推动公共服务数字化、标准化、智能化。推进互联网、大数据、智能化技术在公共交通、城市管理、社会保障、科技教育、医疗卫生、环境保护等领域广泛应用。提供智能交通解决方案，推进医疗卫生信息互联互认，强化养老托幼信息服务。健全城市要害信息系统，保障关键信息资源安全。

第五节

着力完善城市治理体系

坚持以人为本、服务为先，树立全生命周期管理理念，尊重城市发展规律，统筹推进规划协同、社会治理等重点领域和相关配套环节体制机制改革，推动城市治理能力现代化。

一、提高城市规划建设水平

树立“规划是第一资源”的理念，提高城市规划科学性，加强空间开发管制，促进各类规划协同，健全规划管理体制机制，发挥好规划的引导约束作用。

（一）创新规划理念

把以人为本、尊重自然、传承历史、绿色低碳理念融入城市规划全过程。根据区域自然条件，科学规划设置开发强度，把城市放在大自然中，把绿水青山保留给城市居民。由扩张性规划逐步转向限定城市边界、优化空间结构的规划，科学确立城市功能定位和形态。统筹规划城市空间功能布局，促进城市用地功能适度混合。合理设定不同功能区土地开发利用的容积率、绿化率、地面渗透率等规范性要求。建立健全城市地下空间开发利用协调机制。统筹规划市区、城郊和周边乡村发展。

（二）强化规划管控

落实主体功能区战略和制度，全面推进各层级国土空间规划编制，统筹划定“三区三线”，制定相应管控规则，推动国土空间规划和用途管制统筹衔接。强化空间开发管制和实施监督，加快建设国土空间基础信息平台和国土空间规划监测评估预警管理系统。加强控制性详细规划的公开性和强制性，着力解决城市规划不深不细、难以成为基础设施和建筑物建设依据的问题。加强对城市的空间立体性、平面协调性、风貌整体性、文脉延续性等方面的规划和管控。

（三）促进规划协同

深入实施并适时修编区域战略、城市群、都市圈规划，加强与省级新型城镇化规划、省市国土空间规划和有关专项规划的衔接协调，及时开展跟踪评估，更好发挥对城市、镇发展战略和有关规划的指导约束。推进城市和镇规划落实落地，全面落实上位规划，结合实际编制修订城市、镇有关规划。推行规划批前公示和批后公开，保障人民群众对规划编制的知情权和建议权。加强规划实施全过程监管，确保依规划进行开发建设。运用信息化等手段，强化对城市规划管控的技术支撑。

二、健全社会化治理体系

坚持人民城市人民建、人民管，完善城市治理结构，创新城市治理方式，注重科学化、精细化、智慧化管理，不断提升城市社会治理水平。

（一）推动城市治理重心和配套资源向基层下沉

尽可能把资源、服务、管理放到基层，瞄准并打通影响基层治理效率的痛点、堵点，全面提升基层治理的能力与实效，为群众提供精准有效的服务和管理，推动城市基层社会治理落实到“最后一米”。更好发挥基层党组织在基层治理中的战斗堡垒作用，聚焦基层党建、城市管理、社区治理和公共服务等主责主业，树立到基层一线解决问题的导向，解决好群众身边的问题。坚持和发展新时代“枫桥经验”，畅通和规范群众诉求表达、利益协调、权益保障通道。进一步健全党组织领导的自治、法治、德治相结合的城乡基层治理体系，健全社区管理和服务机制，不断优化网格化管理和服务的实践方式。搭建城市综合治理平台，整合审批、服务、执法等方面力量，优化办事流程，减少办理环节，推进服务办理便捷化。

（二）支持各类社会主体参与城市治理

坚持人民城市人民建、人民管，依靠群众、发动群众参与城市治理。畅通公众参与城市治理的渠道和运作机制，发挥群众的主体作用。履行好党和政府的责任，培育专业化社会组织，鼓励各类群团组织参与，调动企业履行社会责任积极性，形成多元共治、良性互动的治理格局。完善志愿服务的管理、认证、激励和标准。

三、完善相关配套机制改革

（一）改革建设用地计划管理方式

创新土地管理制度，优化土地利用结构，提高土地利用效率，合理满足城镇化用地需求。推动建设用地资源向中心城市和重点城市群倾斜。鼓励盘活低效存量建设用地，控制人均城市建设用地面积。修改土地管理法实施条例并完善配套制度，分步实现城乡建设用地指标使用更多由省级政府负责，将由国务院行使的农用地转为建设用地审批权以及永久基本农田、永久基本农田以外的耕地超过35公顷、其他土地超过70公顷的土地征收审批权，授权省级政府或委托试点地区的省级政府实施。探索建立全国性的建设用地、补充耕地指标跨区域交易机制。

（二）改革城市投融资机制

加快财税体制和投融资机制改革，创新金融服务，放开市场准入，逐步建立多元化、可持续的城镇化资金保障机制。在防范化解地方政府债务风险、合理处置存量债务的前提下，完善与新型城镇化建设相匹配的投融资工具，拓宽城市建设融资渠道。支持符合条件企业发行企业债券，用于新型城镇化建设项目、城乡融合典型项目、特色小镇和特色小城镇建设项目等。鼓励开发性政策性金融机构按照市场化原则和职能定位，对投资运营上述项目的企业进行综合授信，加大中长期贷款投放规模和力度。

（三）深化城镇住房制度改革

进一步健全城镇住房制度体系，加快建立多主体供给、多渠道保障、租购并举的住房制度，实现住有所居。稳定增加商品住房供应，大力发展二手房市场和住房租赁市场，推进住房供应主体多元化，满足市场多样化住房需求。对城镇低收入和中等偏下收入住房困难家庭，实行租售并举、以租为主，提供保障性安居工程住房，满足基本住房需求。健全保障性住房制度，扩大保障性住房有效供给，提高保障性住房物业管理、服务水平和运营效率。调整完善住房、土地、财税、金融等方面政策，共同构建房地产市场调控长效机制。

第六节

加快推进城乡融合发展

以缩小城乡发展差距和居民生活水平差距为目标，以完善产权制度和要素市场化配置为重点，坚决破除体制机制弊端，促进城乡要素自由流动、平等交换和公共资源合理配置，加快形成工农互促、城乡互补、全面融合、共同繁荣的新型工农城乡关系，加快推进农业农村现代化。

一、建立健全有利于城乡要素合理配置的体制机制

必须坚决破除妨碍城乡要素自由流动和平等交换的体制机制壁垒，促进各类要素更多向乡村流动。

（一）畅通城乡人口流动渠道

允许劳动力在城乡间有序流动，是顺应人口自主就业选择、提

高劳动生产率的必要条件。一方面，要健全农业转移人口市民化机制，放开放宽除个别超大城市外的城市落户限制，建立“人地钱挂钩”等配套政策和农村“三权”自愿有偿退出机制。另一方面，要建立城市人才入乡激励机制。鼓励本地外出的各类人才返乡创业兴业，包括原籍普通高校和职业院校毕业生、外出农民工及经商人员等。推动各类人才入乡创业，建立城乡人才合作交流机制，推进城市科教文卫体等工作人员定期服务乡村。允许农村集体经济组织探索人才加入机制，吸引人才、留住人才。

（二）深化农村土地制度改革

一是改革完善农村承包地制度。农村承包地是粮食生产的命根子，必须落实好第二轮土地承包到期后再延长30年的政策。完善承包地“三权分置”制度，平等保护并进一步放活土地经营权，提高农业的社会化服务水平。二是稳慎改革农村宅基地制度。农村宅基地是保障农民住有所居的基础和农民最重要的财产载体，要探索宅基地所有权、资格权、使用权“三权分置”，落实宅基地集体所有权，保障宅基地农户资格权和农民房屋财产权，适度放活宅基地和农民房屋使用权。三是建立集体经营性集体建设用地入市制度。农村集体经营性建设用地入市是建立城乡统一建设用地市场的突破口，应依法合规允许就地入市或异地调整入市，并允许闲置宅基地、废弃的集体公益性建设用地转变为集体经营性建设用地入市。

（三）强化乡村发展资金保障

一是健全财政保障机制。进一步加大财政资金投入，引导社会资本加大资金投入力度。调整土地出让收入金使用范围，提高对农业农村的投入比例。加强涉农资金的统筹整合，提高资金使用效率。二是完善乡村金融服务体系。金融是乡村发展的催化剂，亟须健全适合农业农村特点的农村金融体系，加强农村信用体系建设，改革村镇银行培育发展模式，建立健全农业信贷担保体系，把更多金融资源配置到乡村。三是建立工商资本入乡促进机制。工商资本能把城市先进要素带入乡村，既要营造法治化便利化的基层营商环境，鼓励工商资本投资适合产业化经营的农业领域，激发其积极性；又要完善利益联结机制，让农民和村集体合理分享收益。

（四）推动科技成果入乡转化

关键在于推动科研院所面向市场需求开展技术创新，改革科研成果转移转化机制，把科研成果转化为实践成果。要建立对涉农科研人员的激励机制，赋予科研人员科技成果所有权，建立科研人员到乡村兼职和离岗创业制度，激发其活力动力和积极性。

二、建立健全有利于城乡基本公共服务普惠共享的体制机制

城乡基本公共服务逐步标准统一、制度并轨是大方向。一是

建立城乡教育资源均衡配置机制。推动教师资源向乡村倾斜，提高乡村教师岗位吸引力。实行义务教育学校“县管校聘”，推进县域内校长教师交流轮岗，推行城乡教育联合体，完善教育信息化发展机制，让乡村学生也能享受到优质教育。二是健全乡村卫生服务体系。增加基层医务人员的吸引力，推动职称评定和工资待遇向乡村医生倾斜，加强乡村医疗卫生人才队伍建设。鼓励县医院与乡镇卫生院建立县域医共体，鼓励城市大医院与县医院建立对口帮扶，实现优质医疗资源在城乡间共享。三是完善城乡统一的社会保险制度。建立完善城乡居民基本养老保险待遇确定和基础养老金正常调整机制，推进低保制度的城乡统筹以及人身损害赔偿标准的城乡统一。

三、建立健全有利于城乡基础设施一体化发展的体制机制

城乡基础设施事关城乡要素顺畅流动和乡村的产业发展、民生改善，关键是要推进统一规划、统一建设、统一管护。统一规划就是以市县域为整体，统筹设计城乡路网和水、电、讯、污水垃圾处理等设施，推动城乡路网的一体规划设计，畅通城乡交通运输连接；统筹规划城乡污染物的收运处置体系，因地制宜统筹处理城乡垃圾污水。统一建设就是要明确乡村基础设施的公共产品定位，健全分级分类投入机制，政府主要抓公益性设施，市场主要抓经营性设施。统一管护就是区分公益性设施和经营性设施，

明确乡村基础设施的产权归属，由产权所有者建立管护制度、落实管护责任。

四、建立健全有利于乡村经济多元化发展的体制机制

推动城市人才、资金、科技等融入乡村产业，构建以现代农业为基础、新产业新业态为补充的多元化乡村经济。完善农业支持保护制度，发展多种形式的农业适度规模经营，建立新产业新业态培育机制，探索农产品个性化定制服务，拓展农业多元化功能，全面提升附加值。探索生态产品价值实现机制，开展生态产品价值核算，完善自然资源价格形成机制，建立公开透明的交易市场，推动乡村自然资本加快增值。建立乡村文化保护利用机制，推动优秀农耕文化遗产的保护，建立地方和民族特色文化资源的挖掘利用机制，创新传统工艺的振兴模式。搭建城乡产业协同发展平台，优化提升特色小镇、农业园区等城乡产业载体，完善小城镇联结城乡的功能，推进城乡要素跨界配置和产业有机融合，盘活用好乡村资源资产。

五、建立健全有利于农民收入持续增长的体制机制

统筹提高农民的工资性、经营性、财产性、转移性四方面收入。落实农民工与城镇职工平等就业制度，加强对农民工的公共就业创

业服务和职业技能培训。突出抓好农民合作社和家庭农场两类农业经营主体的发展，建立农产品优质优价正向激励机制，提高农产品品质和附加值。完善农民对集体资产股份占有、收益、有偿退出及担保、继承权，探索集体资产保值增值多种实现形式。履行好政府再分配调节职能，探索建立普惠性农民补贴长效机制，创新涉农财政性资金的使用方式，支持符合条件的农业产业化项目。

参考文献

习近平，2014. 习近平谈治国理政 (第一卷)[M]. 北京：外文出版社 .

习近平，2017. 习近平谈治国理政 (第二卷)[M]. 北京：外文出版社 .

习近平，2020. 习近平谈治国理政 (第三卷)[M]. 北京：外文出版社 .

中共中央文献研究室，2014. 十八大以来重要文献选编（上）[M]. 北京：中央文献出版社 .

中共中央文献研究室，2017. 习近平关于社会主义经济建设论述摘编 [M]. 北京：中央文献出版社 .

中共中央宣传部，2018. 习近平新时代中国特色社会主义思想三十讲 [M]. 北京：学习出版社 .

国家发展和改革委员会，2014. 国家新型城镇化规划（2014—2020 年）[M]. 北京：人民出版社 .

国家发展和改革委员会，2016. 国家新型城镇化报告（2015）[M]. 北京：中国计划出版社 .

国家发展和改革委员会，2017. 国家新型城镇化报告（2016）[M]. 北京：中国计划出版社 .

国家发展和改革委员会，2018. 国家新型城镇化报告（2017）[M]. 北京：中国计划出版社 .

国家发展和改革委员会，2019. 国家新型城镇化报告（2018）[M]. 北京：中国计划出版社 .

国家发展和改革委员会，2020. 国家新型城镇化报告（2019）[M]. 北京：

人民出版社 .

国家统计局 ,2020. 2019 年中华人民共和国国民经济和社会发展统计公报 [R/OL]. (2020-02-28)[2020-07-27].http://www.stats.gov.cn/tjsj/zxfb/202002/t20200228_1728913.html.

国家统计局 ,2020. 2019 年农民工监测调查报告 [R/OL].(2020-04-30)[2020-07-27]. http://www.stats.gov.cn/tjsj/zxfb/202004/t20200430_1742724.html.

高佩义，1990. 世界城市化的一般规律及中国城市化 [J]. 中国社会科学（5）：2-4.

贺年，2017. 当超级老龄化遇到超级城市化 [N]. 社会科学报，2017-04-29.

华夏幸福产业研究院，2019. 中国都市圈极限通勤研究 [M]. 北京：清华大学出版社 .

凌力，肖志颖，张明俊，等，2008. 对安徽参与泛长三角分工合作的分析与思考 [J]. 安徽省情省力（3）：21-24.

麦肯锡，2017. 未来产业——自动化、就业与生产力 [R/OL].(2017-06-16)[2020-07-27].http://www.199it.com/archives/598043.html.

欧阳慧，李沛霖，2020. 东京都市圈生活功能建设经验及对中国的启示 [J]. 区域经济评论（3）.

潘芳，田爽，2018. 美国东北部大西洋沿岸城市群发展的经验与启示 [J]. 前线 (2)：74-76.

日本经济产业省 ,2020. 令和 2 年度辅正预算事业概要 [R/OL].(2020-03-27)[2020-07-27]. https://www.meti.go.jp/main/yosan/yosan_fy2020/index.html: 24-25.

世界银行 ,2020. 全球经济展望（Global Economic Prospects Analytical Chapters 2020）[R].2020-06-08.

田莉，桑劲，邓文静，2013. 转型视角下的伦敦城市发展与城市规划 [J]. 国际城市规划，28(6)：13-18.

王法治，2019. 数字经济让新职业更加鲜活 [N]. 人民日报（海外版），2019-05-10（8）.

王旭，2006. 美国城市发展模式：从城市化到大都市区 [M]. 北京：清华大学出版社 .

许学强，周一星，宁越敏，2009. 城市地理学 [M].2 版. 北京：高等教育出版社 .

周一星，1999. 城市地理学 [M]. 北京：商务印书馆：78.

Global Carbon Project,2017. Madison(2017) [R/OL]. [2020-07-27].https://ourworldindata.org/grapher/co-emissions-per-capita-vs-gdp-per-capita-international-?time=1937.

The London Plan 2016[R/OL]. [2020-07-27].https://www.london.gov.uk/what-we-do/planning/london-plan/current-london-plan/london-plan-2016-pdf.

United Nations Department of Economic and Social Affairs. 2018. World Urbanization Prospects: The 2018 Revision[R/OL].（2018-05-16）[2020-07-27]. http://admin.indiaenvironmentportal.org.in/reports-documents/world-urbanization-prospects-2018-revision.

后 记

在国家发展改革委党组书记、主任何立峰同志的直接领导下，党组成员、副主任胡祖才同志悉心指导，国家发展改革委发展战略和规划司牵头会同城市和小城镇改革发展中心、中国宏观经济研究院国土开发与地区经济研究所（区域发展战略研究中心）共同组织撰写了本书。

本书由陈亚军、吴越涛、周南、张建民、陈雷、明晓东、袁达、孟玮、赵怀勇、史育龙、申兵、刘春雨、陈迪宇、张路鹏、李高子、赵长保、张海阳、张丽萍、陈小龙、潘彪、汪阳红、张燕负责审稿。第一章由王大伟、李爱民、魏劭琨、窦红、李智撰写；第四章由欧阳慧、徐勤贤、孔翠芳、李沛霖、李智撰写；第二、三、五章由王政、叶欠、张金萍、胡亚昆、闰浩楠、罗恒、李轶璠、吴坊、王志文、陈曦、黄跃、蔡翼飞、徐颖、张旭东撰写。中国市场出版社许寒负责本书编辑。有关地区发展改革委提供了工作典型案例，丰富了本书素材。在此，对关心、支持和参与本书编写工作的各位领导和同志表示衷心感谢。

本书编写组

2020 年 8 月

学习贯彻习近平新时代中国特色社会主义经济思想

做好“十四五”规划编制和发展改革工作

| 系列丛书 |

编委会

主　任： 何立峰

副主任： 宁吉喆　胡祖才

成　员：

郭兰峰　伍　浩　张世昕　袁　达　陈亚军　严鹏程

李云卿　徐善长　欧　鸿　刘小南　童章舜　肖渭明

吴　晓　罗国三　卢卫生　刘德春　欧晓理　哈增友

王建军　陈洪宛　岳修虎　杨　洁　苏　国　杨荫凯

徐建平　王青云　文步高　王昌林　刘宇南　周昌恩

郭爱东